Stefanie Schreiber

Ferienimmobilie aktuell
Band 2

Wirtschaftlichkeitsberechnung
und Finanzierung
Ihrer erfolgreichen Ferienimmobilie!

Für Nathalie und Kerstin,
die meine Manuskripte
nach Ungereimtheiten durchforsten,
und mich stets dabei unterstützen,
meinen Büchern den letzten Schliff zu geben.
Ihr seid großartig!

Stefanie Schreiber

Ferienimmobilie aktuell
Band 2

Wirtschaftlichkeitsberechnung und Finanzierung Ihrer erfolgreichen Ferienimmobilie!

So erstellen Sie einen Business-Plan für Ihr Ferienhaus-Projekt
und präsentieren ihn erfolgreich Ihrer Bank

servitus Verlag
edition Wirtschaftsratgeber

Bibliografische Information der Deutschen Nationalbibliothek
Die Deutsche Nationalbibliothek verzeichnet diese Publikation in der Deutschen Nationalbibliografie; detaillierte bibliografische Daten sind im Internet über www.dnb.de abrufbar.

Covergestaltung und Buchdesign: anonymus Design
Coverbild: fotolia
Lektorat: Nathalie Schnabel
Korrektorat: Kerstin Duchardt
Printed in Germany

ISBN 978-3-9816455-8-3
ebook ISBN 978-3-9816455-9-0

2. überarbeitete und aktualisierte Auflage Januar 2020

www.servitus-verlag.de

Inhalt

Einleitung

Der Markt mit Ferienimmobilien boomt und jeder, der in dieses Geschäft einsteigt, geht das Projekt wohl etwas anders an. Für den einen ist es eine nüchterne Kapitalanlage, für den anderen die Erfüllung des Traums vom eigenen Haus.

Wichtig für alle sollte jedoch sein:

die Berechnung der Wirtschaftlichkeit!

Dieser Ratgeber zeigt Ihnen, wie Sie Schritt für Schritt die Ökonomie für Ihr Ferienhaus-Projekt berechnen und es damit auf ein gesundes Fundament für einen erfolgreichen Geschäftszweig stellen.

Im ersten Schritt werden die Kosten betrachtet, die beim Start Ihres Projektes mit dem Kauf einer Immobilie anfallen und die, die monatlich über die Laufzeit der Finanzierung zu zahlen sind.

Im zweiten Schritt stehen die Einnahmen aus den Mietzahlungen Ihrer Gäste im Vordergrund. Für Ihren Business-Plan und die Präsentation bei der Bank benötigen Sie eine Umsatzprognose. In diesem Ratgeber erfahren Sie, wie Sie realistische Preise festlegen und die Belegungszahlen abschätzen.

Anhand von drei Beispielen werden die theoretischen Ausführungen im Anschluss praxisnah erläutert.

Es folgen Informationen über verschiedene Finanzierungsmodelle und deren Vor- und Nachteile – steuerlich und unter weiteren wichtigen Aspekten. Themen wie Eigenkapitalanteil, Zinssätze, Laufzeiten, Zinsbindung, Vorfälligkeitsentschädigung und deren Abhängigkeiten zueinander werden analysiert.

Für die drei Beispiele dieses Buches werden im Anschluss konkrete Finanzierungspläne aufgestellt. Tipps für die Präsentation bei einem Kreditinstitut runden die Ausführungen ab.
Zur Begrifflichkeit: Es geht in diesem Ratgeber um Ferienhäuser, Wohnungen und Pensionen. Um den Schreibstil flüssig zu halten, werde ich im Folgenden überwiegend den Begriff *Ferienhaus* als Oberbegriff verwenden – gemeint sind genauso Wohnungen, Appartements und Zimmer, da die Unterschiede lediglich in der Bauform der Immobilie liegen.

Gleiches gilt für die Nutzung der männlichen und weiblichen Form. Ich gehe selbstverständlich davon aus, dass es Verkäufer und Verkäuferinnen sowie Käufer und Käuferinnen von Immobilien gibt, außerdem Bankberaterinnen und Notarinnen. Ich verwende in diesem Buch überwiegend die männlichen Formen und lade gleichermaßen alle Frauen ein, sich auf das Abenteuer *eigenes Haus* einzulassen!

Ich wünsche Ihnen viel Spaß beim Lesen und viel Erfolg mit Ihrer Ferienimmobilie!

Stefanie Schreiber
Januar 2020

1 Wirtschaftlichkeitsberechnung

Betriebswirtschaft ist nicht nur meine Kernkompetenz, sondern auch mein besonderes Steckenpferd. Seit 1994 berate ich Unternehmen sowie Privatpersonen in betriebswirtschaftlichen Fragen und bin immer wieder erschrocken, wenn ich von Gründern höre, die ohne Business-Plan ihre Firma starten, teure Räume anmieten und Kredite für ihr Equipment aufnehmen.

1.1 Warum ist die Berechnung so wichtig?

Ich möchte Ihnen hiermit ans Herz legen, die Wirtschaftlichkeitsberechnung für Ihr Ferienhaus-Projekt sorgfältig und realistisch durchzuführen. Wenn Sie finanziell unabhängig sind, ein Vermögen auf dem Konto haben und überlegen, wo Sie die nächste Million parken, brauchen Sie diesen Ratgeber vermutlich nicht.

In dem Fall, dass Sie mit Ihrem geplanten Feriendomizil ein Vermögen aufbauen und für Ihr Alter vorsorgen wollen, wird dieser Ratgeber Sie dabei unterstützen, eine gesunde Basis dafür zu schaffen. Sie bekommen das grundlegende Know how Ihr Unternehmen – und Ihr vermietetes Ferienhaus ist ein Unternehmen – erfolgreich zu führen und Ihr Ziel zu erreichen.
Die Wirtschaftlichkeitsberechnung ist die Basis, auf die Sie Ihre Ferienimmobilie bauen. Nachdem Sie alle Kosten zusammengestellt haben, nivellieren Sie mittels unterschiedlicher Laufzeiten und Zinssätze Ihre monatliche Belastung. Recherchieren Sie umfassend die Vermietungspreise für vergleichbare Objekte der Region. Stellen Sie diese Zahlen gegenüber und sorgen Sie dafür, mit Ihren Umsätzen die Kosten zu decken.

Eine Immobilienfinanzierung ist in der Regel eine langfristige Angelegenheit. Aufgrund der relativ hohen Erwerbsnebenkosten ist ein schneller Verkauf mit Kapitalverlust verbunden. Steuerlich gesehen liegt die Grenze bei zehn Jahren. Solange sollten Sie das Domizil mindestens halten, sonst zahlen Sie die erhaltenen Steuervorteile zurück. Diese gesetzliche Regelung beugt der Spekulation vor. Um zu vermeiden, dass Sie Ihr Haus oder Ihre Wohnung unfreiwillig vorzeitig verkaufen müssen, lohnt sich eine gründliche Kalkulation.

1.2 Was beinhaltet die Wirtschaftlichkeitsberechnung?

Welche Zahlen Sie dafür benötigen, woher Sie sie bekommen und wie Sie rechnen – das zeigt Ihnen dieser Ratgeber. Im ersten Schritt wird die Berechnung in allgemeiner, theoretischer Form dargestellt. Im Anschluss werden drei konkrete Fallbeispiele unterschiedlicher Feriendomizile durchgerechnet: ein Doppelhaus an der Nordsee, eine Wohnung in einem Ferienpark im Allgäu und eine Einliegerwohnung in der Großstadt Hamburg. Es wird betrachtet, was diese Immobilien für die Ferienvermietung besonders macht und wie sich das sowohl auf die Kosten als auch auf die Einnahmen auswirkt.
Dabei werden Kriterien wie Umsatzsteuerpflicht, Gewerbeanmeldung, Vermarktung über eine Agentur, Auswirkungen von unterschiedlichen Eigenkapitalanteilen, Genehmigungen wie Nutzungsänderungen etc. einbezogen.

Es wird gezeigt, wie sich durch die Anpassung von Laufzeiten die monatliche Belastung ändert. Der Aspekt „Kapital aus Ihrer originären Beschäftigung in das Projekt einfließen lassen“ wird ebenfalls berücksichtigt.
Dabei ist das Ziel, dass Sie mit den Mieteinnahmen Ihres Ferienhauses so viel wie möglich von den Kosten decken. Eine Gewinnerzielung auch für den Betrag der Abschreibung ist nicht notwendig, da Sie neben dem Vermögensaufbau ebenfalls Steuern sparen wollen. Wenn die Immobilie bezahlt ist, wird sie einen Überschuss erwirtschaften, der einen Teil Ihrer Versorgung im Alter sichert.

Zusammenfassend lässt sich sagen: Berechnen Sie die Wirtschaftlichkeit sorgfältig! So behalten Sie die finanzielle Kontrolle in Ihrem Projekt und führen es zum Erfolg.

Kompakte Zusammenfassung

Wirtschaftlichkeitsberechnung	Eine sorgfältige Berechnung der Wirtschaftlichkeit ist die Basis für Ihr erfolgreiches Unternehmen „Ferienimmobilie“.
	Sie stellen alle einmaligen und laufenden Kosten zusammen und nivellieren mittels Laufzeiten und Zinssätzen Ihre monatliche Belastung.
	Dem wird die Einnahmeseite gegenübergestellt: Recherchieren Sie umfassend realistische Mietpreise und erstellen Sie unter Einbeziehung Ihrer Abschätzung der Belegungszahlen eine Umsatzprognose.
	Das Ziel sollte die Kostendeckung mithilfe der Mieteinnahmen sein. Die Steuerersparnis entsteht durch den Einsatz von zusätzlichem Kapital aus dem originären Einkommen und die Berücksichtigung der Abschreibung auf das Gebäude.

2 Die Kostenseite Ihres Feriendomizils

2.1 Einmalige Kosten beim Start

Bevor die Kosten im Einzelnen betrachtet werden, hier eine Auflistung:

- Kaufpreis der Immobilie
  - evtl. incl. Inventar
- Maklercourtage
- Gebühren für Notar und Grundbucheintrag
- Grunderwerbsteuer
- Einrichtung und Ausstattung des Hauses
- Start des Marketings
- Reserve

2.1.1 Kaufpreis des Hauses

Der Kaufpreis der Immobilie ist die Basis für die Berechnung der Nebenkosten, da sie prozentual dazu gezahlt werden. Dies bezieht sich sowohl auf die Maklercourtage als auch auf die Gebühren für den Notar samt Grundbucheintrag und die Grunderwerbsteuer. Es lohnt sich in mehrfacher Hinsicht gut zu verhandeln! Den ursprünglichen Preis aus dem ersten Angebot sollten Sie pro Hunderttausend Euro Immobilienwert mindestens um 5.000,- Euro reduzieren, je nachdem welchen Eindruck Sie haben, wie hoch der erste Preis angesiedelt war.

2.1.2 Kaufnebenkosten

2.1.2.1 Maklercourtage

Vielleicht haben Sie Glück und finden Ihr Traumhaus ohne die Beteiligung eines Maklers. Wenn ein privater Verkäufer sein Haus im Internet oder in der Zeitung inseriert und Sie sich einigen, sparen Sie eine nicht unerhebliche Summe. Oftmals wird für den Verkauf eines Hauses jedoch ein Makler engagiert und im Erfolgsfall ist eine Provision fällig. Sie können versuchen, in so einem Fall den Verkäufer zu überzeugen, einen Teil der Provision zu übernehmen oder sich mit dem Makler auseinandersetzen. Steht ein Haus bereits länger zum Verkauf, steigen Ihre Chancen für eine erfolgreiche Verhandlung. Dies kann bei einem Haus, das für die Vermietung an Feriengäste ausgesucht wird, leicht der Fall sein. Es handelt sich vielleicht um ein Liebhaberobjekt, das als fester Wohnsitz nicht so gut geeignet ist – für Ihre Zwecke dann umso mehr.

Die üblichen Provisionssätze für den Makler sehen wie folgt aus:

Deutschland: Bei privaten Immobilienverkäufen zwischen 3 und 6% des Kaufpreises incl. Inventar, zzgl. der gültigen Mehrwertsteuer, derzeit 19%.

Österreich: Die Courtage für den Makler liegt netto bei 3 bis 4% zzgl. 20% MwSt., abhängig vom Wert der Immobilie, Käufer und Verkäufer zahlen in der Regel jeweils die Hälfte.

Schweiz: Es wird 1 bis 5% des Kaufpreises als Honorar fällig, das ist Verhandlungssache. Die Maklerprovisionen werden ausschließlich von den Verkäufern bezahlt, Sie haben als Käufer keine Kosten – vielleicht aber später, wenn Sie das Haus wieder verkaufen!

Überlegen Sie nicht, was Sie mit diesem Geld alles in Ihrem neuen Haus verschönern könnten. Der Makler wird erst im Fall des Abschlusses bezahlt. Bis er die Immobilie verkauft hat, hat er Aufwand

für Besichtigungen, Erstellung von Unterlagen und direkte Kosten für das Schalten von Anzeigen etc. – und leistet vor.
Kalkulieren Sie diesen Posten genauso ein wie die Grunderwerbsteuer, die ebenfalls ein fixer Betrag Ihrer Rechnung ist. Und bedenken Sie: Vielleicht hätten Sie das Haus ohne seine Dienstleistung nicht gefunden oder der Kauf wäre nicht zustande gekommen. Der Makler ist auch ein Mittler zwischen den Vertragsparteien.

Alternativ beauftragen Sie selbst einen Makler, Ihnen Ihre Immobilie nach Ihrem Anforderungsprofil zu suchen. Stellen Sie die gewünschten Kriterien wie Lage, Größe und Preisklasse zusammen und lassen Sie sich geeignete Objekte vorschlagen. Es ist abhängig von Ihrer verfügbaren Zeit und Ihrer Ambition, sich aktiv mit der Suche zu beschäftigen. Sogenannte elektronische Suchagenten auf den Immobilienportalen erleichtern Ihnen die Arbeit, wenn Sie ohne fremde Hilfe den Markt durchstöbern. Sie geben Ihre Kaufaspekte ein und speichern sie ab. Im Anschluss werden Sie komfortabel per eMail über neue Angebote informiert, die zu Ihrem Profil passen.

2.1.2.2 Gebühren für Notar und Grundbucheintrag

Auch die Notargebühren gehören zu den unumgänglichen Kosten. In Deutschland wird der Kaufvertrag einer Immobilie notariell beurkundet. Der Notar veranlasst die Auflassung und die endgültigen Einträge in das Grundbuch – eine wichtige Angelegenheit, um die Sie sich nicht selbst zu kümmern brauchen. Er rechnet die Gebühren für diese Einträge mit Ihnen ab.
Die sogenannte Auflassung ist mittlerweile Standard. Das ist eine Vormerkung im Grundbuch, da durch den Kaufvertrag nicht automatisch der Eigentumswechsel erfolgt – geregelt in § 925 des Bürgerlichen Gesetzbuches (BGB). Das amtliche Grundstücksverzeichnis ist dann bis zum endgültigen Eintrag der Käufer blockiert.

Dadurch wird Missbrauch verhindert. Der genaue Eigentumsübergang wird in dem Kaufvertrag festgelegt – an diesem Tag ist der Kaufpreis fällig und der Schlüssel wird übergeben.

Die Notargebühren fallen in folgender Höhe an:

Deutschland: Der Käufer trägt die Kosten, sie betragen 1 bis 2% des Kaufpreises. Die genaue Höhe ist von den Leistungen abhängig, die Sie in Anspruch nehmen. Mehr dazu erfahren Sie im ersten Band dieser Reihe.

Österreich: Notargebühren 1 bis 3% des Kaufpreises je nach Wert der Immobilie und Leistungsumfang. Die Kosten trägt der Käufer.

Schweiz: Notare, Gemeindeschreiber, Grundbuchverwalter oder öffentlich bestellte Rechtsanwälte beurkunden den Kaufvertrag. Je nach Kanton fallen unterschiedlich hohe Gebühren an, die sich Verkäufer und Käufer hälftig teilen. Die Notarkosten sind derzeit in den Kantonen Wallis, Genf, Bern und Tessin am höchsten und in Schwyz, Appenzell Ausserrhoden, Schaffhausen und Zug am niedrigsten. Zusätzliche Kosten resultieren aus dem Erstellen eines Schuldbriefs, wenn die Bank des Käufers diesen als Sicherheit verlangt.

2.1.2.3 Grunderwerbsteuer

Diese Rechnung erhalten Sie ungefähr einen Monat nach der notariellen Beurkundung des Kaufvertrages von dem Finanzamt der Region, in der Ihr neues Domizil steht. Sie sollte umgehend überwiesen werden. Erst wenn die Zahlung eingegangen ist, erteilt die Behörde die sogenannte Unbedenklichkeitsbescheinigung. Sie ist Voraussetzung für die Eintragung in das Grundbuch.
Interessant ist ergänzend zu obigen Ausführungen zu erwähnen: Bei einer Bestandsimmobilie zahlen Sie die Grunderwerbsteuer auf den Kaufpreis des Hauses und des Grundstücks. Preiswerter wird

dies, wenn Sie lediglich einen Bauplatz kaufen. Sie zahlen die Steuer lediglich auf das Stück Land und bauen im Anschluss. Dies ist ein finanzieller Anreiz für den Neubau von Immobilien.

In Deutschland ist die Höhe der Grunderwerbsteuer Ländersache und beträgt zwischen 3,5 und 6,5% der Bemessungsgrundlage, also dem Preis für das Grundstück und die Immobilie, nicht aber für bewegliches Inventar. Wenn Sie ein Haus mit einer Einbauküche, Möbeln oder einem Kaminofen kaufen, ist der Betrag – der Bemessungsgrundlage für die Steuer ist – etwas niedriger als der Kaufpreis. Hierfür wird im Kaufvertrag, der durch den Notar beglaubigt wird, eine realistische Summe für das Inventar eingetragen. Bitte beachten Sie dabei, dass gebrauchte Möbel keinen großen Wert haben.

In Österreich beträgt der Steuersatz grundsätzlich 3,5%. Es gibt Ausnahmeregelungen z.B. für Personengesellschaften. Bitte fragen Sie weitere Details beim Finanzamt oder Ihrem Steuerberater nach. Zusätzlich fällt für den Grundbucheintrag 1,1% des Kaufpreises an. Für den Eintrag einer Hypothek werden des Weiteren 1,2% des Pfandrechts fällig.

In der Schweiz ist dies die sogenannte Handänderungssteuer. Sie ist kantonal geregelt, in einigen Kantonen gibt es eine Grundbuchgebühr, in anderen eine Gemengsteuer, die Bezirke Zürich und Schwyz erheben keine Handänderungssteuer oder vergleichbare Gebühren. Sogar die Zahlungspflicht ist in der Schweiz unterschiedlich geregelt, je nach Kanton zahlt der Erwerber oder der Veräußerer, manchmal beide. Bitte informieren Sie sich bei entsprechenden Stellen, welche Regelung Sie betrifft.

2.1.3 Sanierungs- und Renovierungskosten

Bei der Kalkulation dieser Kosten ist die zentrale Frage: Wer macht´s?
Durch Ihre Eigenleistung sparen Sie viel Geld. Wenn Sie dagegen für jede Kleinigkeit einen Handwerker bezahlen, wird das Projekt teuer, vielleicht sogar unrentabel. Das hängt entscheidend von dem Alter und Zustand der Immobilie ab. Doch selbst wenn Sie ein neues oder neuwertiges Haus kaufen: Bis die letzte Rate bezahlt ist, dauert dieses Abenteuer zwanzig bis dreißig Jahre. So lange halten die wenigsten Gegenstände. Außerdem stehen Renovierungen an.
Für die meisten Bauherren ist es sinnvoll, einen Mittelweg zu gehen. Sie vergeben bestimmte Tätigkeiten grundsätzlich an Handwerker – anderes erledigen sie selbst. Erstellen Sie eine Kalkulation mit Hilfe der Angebote von Handwerkern und Einkaufslisten für den Baumarkt.
Die Zeit, die Sie selbst einbringen, wird betriebswirtschaftlich nicht erfasst. Das ergibt ein leicht schiefes Bild – ist jedoch übliche Praxis. Insgesamt geht diese Rechnung auf.

Ferienhäuser am Meer sind meist Saisonbetriebe, in denen zum Ausgleich immer wieder die gut vermietete Zeit kommt, in der handwerklich kaum etwas zu leisten ist. Diese Zeit werden Sie genauso genießen.

Wie Sie anhand der folgenden Beispiele sehen werden, gilt das nicht im selben Ausmaß für Domizile in Großstädten und in den Bergen. Diese weisen über weite Teile des Jahres eine gute Auslastung aus, wenn die Kriterien für eine erfolgreiche Vermietung erfüllt sind.

2.1.4 Budget für Einrichtung und Ausstattung

Sehr ausführlich wird dieses Thema im dritten Band der vorliegenden Reihe behandelt. Hier wird lediglich ein Überblick gegeben, welche Vorteile es haben kann, sich von vornherein für ein etabliertes Ferienhaus zu interessieren und welche Summen Sie dann kalkulatorisch ansetzen können.
Es wird die gesamte Einrichtung der Zimmer einbezogen, also Möbel, Elektrogeräte und Deko – außer Wanddekoration wie Tapeten und Farben, sowie Bodenbeläge.

Einrichtung und Ausstattung gegliedert nach Räumen:

- Wohnzimmer: 3.300 bis 4000,- €
- Schlafzimmer: 2.000,- €
- Küche: 4.500,- bis 5.000,- €
- Bad: 500,- €
- Flur: 500,- €
- Service und Sicherheit: 500,- €
- Garten: 1000,- €

Viele Domizile haben zwei bis drei Schlafzimmer. Die Kosten verdoppeln bzw. verdreifachen sich dann. Mit diesen Summen ist es möglich, die Räume vernünftig und ansprechend einzurichten. Nach oben gibt es keine Grenzen.

2.1.5 Marketing starten

Was nützt das schönste Feriendomizil in der besten Lage, wenn keiner davon weiß? Von Anfang an ist ein professionelles Marketing wichtig, damit Sie sich mit Ihrer Immobilie am Markt positionieren und möglichst schnell Buchungen und Geldeingänge generieren.
Ausführlich werden sich die Bände 4 und 5 mit unterschiedlichen Schwerpunkten diesem Thema widmen. Hier erhalten Sie einen

Überblick, damit Sie Ihr Budget für die Finanzierung realistisch planen.
Bei der Berechnung des Marketingbudgets basiert auf dem Honorar eines Dienstleisters. Sinnvoll ist nach meinen Erfahrungen dazu eine Überprüfung der Einrichtung. Wenn der Berater die Fotos vor Ort aufnimmt, wird der Status des Ferienhauses auf Praxistauglichkeit überprüft. Dies entfällt, wenn Sie die Immobilie von einem Ferienhaus-Experten einrichten lassen. Die Inanspruchnahme solch einer Unterstützung steigt das Budget im vorangegangenen Kapitel erheblich.
Hier wird davon ausgegangen, dass Sie die Einrichtung des Hauses selbst vorgenommen haben und nun eine Expertin mit der Erstellung und Durchführung eines Marketingkonzeptes beauftragen. Das kann in Zahlen wie folgt aussehen. Als Basis für dieses Beispiel dienen meine Honorare.

Marketing-Konzept samt Umsetzung für Ihr Ferienhaus:

- Status aufnehmen, Beratung, Fotos vor Ort: ca. 600,- € zzgl. Anfahrt (ab 200,- €)
- Corporate Design entwickeln: 300,- €
- Erstellung Muster für Buchungsunterlagen: 200;- €
- Basis für Domain der Homepage: 100,- €
- Eigene Website: ab 1.500,- €
- Software für die Websiteerstellung: 200,- €
- Portaleinträge einrichten: je 250,- €
- Flyer gestalten: 450,- €
- Facebook-Coaching: nach Aufwand

Insgesamt liegt das Budget mit zwei Portaleinträgen, mit denen Sie nach meiner Empfehlung mindestens inserieren sollten, und ohne Facebook-Coaching bei 4.050,- Euro.

2.1.6 Reserve

Egal wie genau Sie kalkulieren, es wird beim Bauen immer teurer. Planen Sie Reserve ein, dann ist es entspannter! Wer schon einmal gebaut hat, bestätigt Ihnen sicherlich, dass Sie sich leicht hinreißen lassen und das Budget überziehen, weil Sie begeistert sind.
Dies gilt genauso für das Einrichten und Ausstatten. Planen Sie eine Reserve ein und Sie können nach Ihren Vorstellungen agieren.

***

Wenn Sie alle Positionen zusammenrechnen, erhalten Sie den Betrag, den Sie benötigen, um Ihre Immobilie am Markt zu etablieren.

Beim Start entstehen eventuell zusätzliche Anlaufkosten. Dies ist abhängig von dem Zeitpunkt der Hausübergabe, dem Sanierungs- und Renovierungsbedarf, der benötigten Zeit und dem Beginn der Saison. In den Monaten der Renovierung werden meist noch keine Einnahmen realisiert, aber bereits Ausgaben – auch für die Finanzierung des Hauses. Bedenken Sie dieses bitte bei Ihrer Planung! Hier werden mögliche Anlaufkosten über die Reserve berücksichtigt. Es ist sinnvoll, dafür Eigenkapital bereitzuhalten und das bei der Festlegung des Fremdkapitalbedarfs zu berücksichtigen.

2.2 Laufende monatliche Kosten

Mit einer erfolgreichen Ferienimmobilie generieren Sie höhere Einnahmen als mit einer Immobilie in fester Vermietung. Allerdings existieren zahlreiche fixe laufende Kosten, die Sie nicht an Ihre Gäste weiterreichen, sondern für die Sie verantwortlich sind. Diese Ausgaben schmälern Ihren Gewinn, sind auf der anderen Seite jedoch steuerlich geltend zu machen. Sammeln Sie alle Belege, auch die mit kleinen Einzelbeträgen. Sie summieren sich!

Folgende Kosten werden mindestens regelmäßig anfallen:

- ∝ Energie: Strom, Heizmittel, Wasser
- ∝ Grundsteuer, Müllabfuhr, ggf. Klärgrubenreinigung
- ∝ Versicherungen
- ∝ Marketing- und Werbungskosten
- ∝ Pauschale für die Hausbetreuung
- ∝ Reinigung, Reinigungsmittel
- ∝ Gartenpflege, Blumen und Pflanzen
- ∝ Zweitwohnungssteuer
- ∝ Internetanschluss
- ∝ GEZ
- ∝ Kurtaxe
- ∝ Extras für die Gäste

Das bedeutet im Einzelnen:

∝ Energie: Strom, Heizmittel, Wasser
Die Energiekosten werden im Ferienhaus in aller Regel nicht separat abgerechnet, sind für die Gäste also im Mietpreis enthalten. Ausnahmen bilden möglicherweise die Stromkosten bei Sauna- oder Wäschetrocknernutzung. Da die Höhe von verschiedenen Faktoren abhängig ist, lässt sich hier schlecht eine Zahl nennen. So werden die Heizkosten von der Objektgröße, dem Energiewert der Immobilie, den klimatischen Bedingungen, der Anzahl der belegten Nächte im Winterhalbjahr und dem Heizverhalten der Gäste beeinflusst. Auch die Energieeffizienz Ihres Heizkessels bzw. der Therme spielt eine Rolle.

Gleiches gilt für die Stromkosten. Hier haben die Energiesparwerte der Elektrogeräte und der Beleuchtung einen großen Einfluss auf den Verbrauch. Je nach Region können Klimaanlagen o.ä. den Verbrauch stark beeinflussen. Wie sich Ihre Gäste verhalten, ob sie oft kochen oder waschen und insgesamt sparsam mit der Energie umgehen, entzieht sich Ihrer Kontrolle.

∝ Grundsteuer, Müllabfuhr, ggf. Klärgrubenreinigung
Die Höhe der Grundsteuer wird von der jeweiligen Gemeinde festgelegt. Es gibt große Unterschiede im bundesweiten Vergleich. Ein Kriterium zur Kaufentscheidung sollte sie sicherlich nicht sein. Tendenziell ist sie auf dem Land niedriger als in der Großstadt. Das Grundsteuergesetz sieht die Erhebung von zwei Arten dieser Abgabe vor. Grundsteuer A erfasst den Grundbesitz in der Land- und Forstwirtschaft. Die Grundsteuer B kommt für alle anderen Grundstücke zur Anwendung, also auch für Ihr Feriendomizil. Sie führen die Grundsteuer jährlich ab, eventuell in vier Raten. Auch die Müllgebühren werden von der jeweiligen Gemeinde festgesetzt und abgerechnet.

∝ Versicherungen
Im ersten Band dieser Reihe haben Sie erfahren, welche Verträge Sie für Ihr Ferienhaus benötigen: Gebäude, Haus- und Grundbesitzerhaftpflicht, Inhalt (Hausrat) und Betriebsunterbrechung. Rechtsschutz ist Ansichtssache. Die Kosten kalkulieren Sie ein. Die Gebäudeversicherung bildet in diesem Paket den größten Posten.

∝ Marketing-, Verwaltungs- und Werbungskosten
Die Höhe dieser Kosten hängt davon ab, ob Sie die Vermietung und Verwaltung in Eigenregie organisieren oder eine Agentur beauftragen. Im ersten Fall benötigen Sie ein eigenes Büro oder mindestens einen PC, ein Mobiltelefon und Internetanschluss. Da dies in den meisten Haushalten vorhanden ist, wird es hier nicht weiter berücksichtigt. Gern können Sie dafür entsprechende Beträge ansetzen. Hinzu kommen laufende Kosten für die Portale und die eigene Website mit ungefähr 500,- Euro pro Jahr und die Druckkosten für 1000 Flyer mit 80,- Euro.
Höher ist der finanzielle Aufwand, wenn Sie die Vermarktung und Verwaltung outsourcen. Eine Agentur berechnet Ihnen 18% zzgl. Mehrwertsteuer von Ihrem Umsatz. Das klingt erst einmal viel, ist aber absolut angemessen, denn es ist in der Regel das Rundum-sorglos-Paket, das Ihnen viel Arbeit abnimmt.

∝ Pauschale für die Hausbetreuung

Wenn Sie die Vermietung in Eigenregie organisieren und nicht in der Nähe des Domizils wohnen, brauchen Sie auf jeden Fall eine Hausbetreuung. Sie übergibt die Schlüssel, ist als Ansprechpartner für die Gäste erreichbar, pflegt die Wäsche, führt kleine Reparaturen in der Saison durch und kontrolliert in unbewohnten Zeiten, ob alles in Ordnung ist. Es ist sinnvoll dafür eine Pauschale zu zahlen, die das ganze Jahr durchläuft. Sie liegt je nach Hausgröße und Bettenanzahl zwischen 60 und 120 Euro im Monat.

∝ Reinigung, Putzmittel

Die Säuberung des Domizils ist eine Kostengröße, die Sie an Ihre Gäste weitergeben können. Das ist gängige Praxis, somit sind die Urlauber es gewohnt. Der Betrag ist abhängig von der Größe des Objektes. Berechnen Sie den Urlaubern ein wenig mehr als Sie Ihrer Reinigungskraft bezahlen, dann sind die Kosten für das Material ebenfalls gedeckt.

∝ Gartenpflege, Blumen und Pflanzen

Wenn Sie ein Haus kaufen, das einen Garten hat, brauchen Sie einen Gärtner. Auch bei Investition in eine Wohnung gibt es einen Außenbereich zu pflegen. Sie zahlen dann zusammen mit der Eigentümergemeinschaft anteilig einen Hausmeister. Die Höhe schwankt mit der Größe des Grundstücks und der Pflegeintensität des Außenbereichs.

∝ Zweitwohnungssteuer

Die Gemeinde legt die Höhe dieser Steuer fest und rechnet sie mit Ihnen ab. Es gibt große Unterschiede, sowohl in der Höhe als auch im Umfang der Unterlagen, die jedes Jahr eingereicht werden müssen. Für eine Wohneinheit liegen die Kosten bei 400 Euro pro Jahr. Wenn Sie Ihre Ferienimmobilie von einer Agentur vermieten lassen und zusätzlich unterschreiben, dass Sie das Domizil nicht selbst nutzen, werden Sie von der Zweitwohnungssteuer befreit. Es wird dann als reine Kapitalanlage eingestuft. Bei eigener Vermarktung wird Ihnen das nicht geglaubt und Sie werden als Mischnutzer angesehen. Die Höhe der Steuer variiert außerdem nach vermieteten

Nächten. Aus diesem Grund geben Sie jedes Jahr Ihre Belegungszahlen an.

∝ Internetanschluss

Die Bereitstellung eines WLAN wird von den Gästen mittlerweile erwartet. Wenn Sie in ein Doppel- oder Mehrfamilienhaus investieren, verteilen sich die Kosten auf mehrere Wohneinheiten. Teilen Sie einen Anschluss mit den anderen Vermietern, wenn Sie eine Wohnung kaufen. Im ungünstigsten Fall zahlen Sie 35 Euro monatlich für ein Objekt.

∝ GEZ

Eine Wohneinheit ist kostenfrei, für jede weitere am gleichen Standort zahlen Sie 5,83 Euro pro Monat bzw. 17,49 Euro im Quartal.

∝ Kurtaxe

Domizile direkt an der Küste und in typischen Touristenorten sind Kurtaxe pflichtig. Die Gebühr rechnen Sie für die Tourismusverbände mit Ihren Gästen ab. Sie läuft bei Ihnen lediglich durch und wird zu 100% an die Kurverwaltung weitergeleitet. Die Kosten für die Verwaltung tragen Sie.

∝ Extras für die Gäste

Kleine Geschenke erhalten die Freundschaft. Das gilt auch für Ihre Feriengäste. Nicht alles ist vor Ort immer so, wie Sie es geplant und organisiert haben. Weder die Immobilie noch die beauftragten Dienstleister sind immer perfekt. Es kann zu Reinigungsschwächen oder Vorfällen kommen, die nicht optimal sind. Begrüßen Sie Ihre Urlauber mit einer Flasche Wein, einem Strauß Blumen, einem Obstkorb oder einer Süßigkeit. Das kommt gut an und stimmt milde, wenn es einmal ein Problem gibt.

2.3 Außerordentliche Kosten

Wer bereits eine Immobilie unterhält, weiß, dass die nachfolgenden Kosten schwierig zu kalkulieren sind. Da sie außerdem von der Größe des Objektes und im Bereich der Renovierung auch sehr von Ihren persönlichen Vorstellungen abhängig sind, werden Sie nur erwähnt, aber nicht kalkuliert. Planen Sie am besten Eigenkapital aus Ihrem originären Einkommen dafür ein. Das führt zu einer Steuerersparnis.
Es handelt sich um:

- Renovierungen: Material und Arbeitsleistung
- Reparaturen
- Ersatz defekter Ausstattung

2.4 Exkurs Abschreibung

Der Vollständigkeit halber wird hier ein kleiner Exkurs zur Abschreibung des Gebäudes eingeschoben, obwohl diese Beträge nicht als Kosten in Ihre Wirtschaftlichkeitsberechnung einfließen. Die Absetzung für Abnutzung (AfA) wird erst in Ihrer Steuererklärung wirksam. Hier machen Sie den jährlichen Wertverlust Ihrer Immobilie geltend. Dieser wird quasi wie ein Kostenpunkt betrachtet und mindert den Gewinn, obwohl dafür kein Geld fließt.

Sie berechnen die Abschreibung nur einmal und setzen den Betrag dann jedes Jahr in die Anlage V Ihrer Steuererklärung ein - oder lassen es durch Ihren Steuerberater eintragen.

Die Rechnung wird hier für das Beispiel 1 aus diesem Buch getätigt, um das System zu veranschaulichen. Das Haus wird linear abgeschrieben, es ist also in jedem Jahr der gleiche Betrag.

Makler-, Notar- (um Mehrwertsteuer bereinigt) und Grundbuchkosten, ebenso die Grunderwerbsteuer gehören zu den Anschaffungskosten der Immobilie und werden zusammen mit dem Haus abgeschrieben. Vorher wird der auf den Grund und Boden entfallene Teil der Kosten herausgerechnet. Das Grundstück nutzt sich nicht ab, es verliert im Laufe der Jahre nicht an Wert, deshalb wird in der AfA lediglich das Haus erfasst.

Möglich ist bei Neufällen lediglich noch die lineare Abschreibung Ihres Gebäudes - dieses Thema wird in Band 7 vertieft, wenn Sie mehr über Ihre Steuererklärung erfahren. Die Höhe richtet sich nach dem Baujahr des Hauses und ist in § 7 Absatz 4 Einkommensteuergesetz EStG geregelt:

Bei Gebäuden,

- für die der Bauantrag nach dem 31. März 1985 gestellt worden ist, beträgt die Abschreibung jährlich 3 Prozent
- die nach dem 31. Dezember 1924 fertig gestellt worden sind jährlich 2 Prozent und
- die vor dem 1. Januar 1925 fertig gestellt worden sind, pro Jahr 2,5 Prozent der Anschaffungs- und Herstellungskosten, also Kaufpreis und mögliche Sanierungskosten.

Position	Betrag
Kaufpreis des Hauses	395.000,00 €
Makler - 6,25% bereinigt um 19% MwSt.	20.745,80 €
Notarkosten, Grundbuch - 1,5% (netto)	4.978,00 €
Grunderwerbsteuer (S.-H.) - 6,5%	23.725,00 €
Renovierung, fixer Betrag (netto)	8.403,40 €
Zwischensumme	452.852,20 €
abzgl. 35,4 % für Grund und Boden, ermittelt nach Bodenwertrichtlinien	162.605,48 €
Gebäudeanteil	290.246,72 €
AfA 2,5% pro Jahr	7.256,17 €
Anteilig für das Rumpfjahr ab 01.02. bei Erwerb des Hauses am 01. Februar	6.651.50 €

Tabelle 1: Berechnung der Abschreibung für das Beispiel 1

Kompakte Zusammenfassung

<table>
<tr>
<td rowspan="2">Die Kostenseite Ihres Feriendomizils</td>
<td>Neben dem Kaufpreis entstehen bei der Investition in eine Ferienimmobilie zahlreiche Kaufnebenkosten.
Prozentual zum Kaufpreis sind das:
- Makler
- Notar
- Grunderwerbsteuer
Außerdem:
- Einrichtung und Ausstattung
- Start des Marketing
- Reserve</td>
</tr>
<tr>
<td>Über die laufenden monatlichen Kosten können Ihre Recherche oder der Voreigentümer geben.
Sie benötigen diese Beträge als Basis für Ihre Wirtschaftlichkeitsberechnung:
- Energie: Strom, Heizkosten, Wasser
- Grundsteuer, Müllabfuhr, ggf. Klärgrubenreinigung
- Versicherungen
- Marketing- und Werbungskosten
- Pauschale für die Hausbetreuung
- Reinigung, Reinigungsmittel
- Gartenpflege, Blumen und Pflanzen
- Zweitwohnungssteuer
- Internetanschluss, GEZ
- Extras für die Gäste</td>
</tr>
</table>

3 Einnahmeseite Ihres Feriendomizils

Vor den Ausführungen zu Finanzierungsformen, Zinssätzen und Laufzeiten wird die Einnahmeseite betrachtet. Es ist notwendig, eine Umsatzschätzung aufzustellen. Über dieses Ergebnis treffen Sie Ihre Entscheidung, wie Sie finanzieren und welchen Betrag Sie monatlich für die Finanzierung des Hauses aufbringen können.

Der Umsatz setzt sich bei Ihrem Ferienhaus aus zwei Komponenten zusammen:

Mietpreis x belegte Nächte

Das klingt einfach und das ist es auch.
Nicht so trivial dagegen ist, den Umsatz abzuschätzen, bevor Sie mit dem Geschäft angefangen haben. Sie benötigen die Umsatzschätzung vor dem Immobilienkauf, denn sie ist ein wichtiger Bestandteil Ihres Business-Plans, den Sie der finanzierenden Bank vorlegen. Ohne eine realistische Umsatzschätzung wird Ihr Projekt Vermögensaufbau mit erfolgreicher Vermietung eines oder mehrerer Ferienhäuser nicht funktionieren.
In diesem Kapitel erfahren Sie, welche Kriterien den Mietpreis beeinflussen; wo Sie recherchieren, was Ihre Konkurrenz macht und wie viele Nächte Sie im Jahr realistisch vermieten können.

3.1 Preisgestaltung

In der Regel ist die Vermietung einer einzelnen Ferienwohnung oder eines Hauses in Deutschland eine private Vermögensverwaltung und somit keine gewerbliche Tätigkeit. Sie brauchen also kein Gewerbe anzumelden. Das Finanzamt erfährt über Ihr Geschäft mittels Ihrer Steuererklärung mit der Anlage V.
Grundsätzlich unterliegen die Einkünfte von Ferienimmobilien der Umsatzsteuerpflicht. Sie können sich als Kleinunternehmer davon befreien lassen, wenn der Umsatz im ersten Jahr unter 22.000 Euro

liegt und in Folgejahren 50.000 Euro nicht übersteigt. Diese Grenze wurde am 1. Januar 2020 von 17.500 auf 22.000 Euro angehoben. Die zentralen Fragen des Abschnitts lauten:

- Welche Faktoren beeinflussen Ihre Mietpreise?
- Wie legen Sie realistische Preise fest?

Es gilt folgenden Konflikt zu lösen: Die Übernachtungen sollten einerseits nicht zu teuer sein, sonst buchen die Urlauber beim Wettbewerb. Sie dürfen andererseits nicht zu preiswert sein, dann werden Ihre Kosten nicht gedeckt.

3.1.1 Grundlagen zur Preisgestaltung

Selbst wenn Sie lediglich eine Wohneinheit vermieten, haben Sie mehrere Preise für die verschiedenen Saisonzeiten.
Es gibt die grobe Einteilung in Haupt- und Nebensaison, die von dem Standort der Immobilie abhängig ist. Daneben existieren die Zeiten, in denen kaum Urlauber kommen. Locken Sie mit Sonderpreisen für lange Aufenthalte oder mit Schnupperwochenenden. Dazu erfahren Sie mehr im nächsten Kapitel. An dieser Stelle wird erst einmal das Preisniveau festgelegt.

Folgende Kriterien beeinflussen den Preis:

- Region
- Lage
- Größe der Wohneinheit: qm und Anzahl der Personen
- Ausstattung und Komfort
- Beschaffenheit
- Alleinstellungsmerkmal
- Außenbereich
- Service

Die folgenden Ausführungen beleuchten die verschiedenen Einflussfaktoren auf die Preise detaillierter. Fakten werden durch Empfehlungen und Tipps ergänzt.

∝ Region

Jeder Landstrich hat eine bestimmte Attraktivität und ein damit verbundenes Preisniveau. Auf Sylt ist vieles teurer als an der Lauenburgischen Seenplatte. Dies schlägt sich sowohl auf die Kaufpreise der Immobilien als auch auf die Mieten nieder, die Sie dort realisieren. Um die Preise einer Region zu recherchieren, lassen Sie sich am besten Gastgeberverzeichnisse der einzelnen Fremdenverkehrsvereine schicken oder schauen ins Internet. Es gibt mittlerweile zahllose Ferienportale, auf denen private Vermieter ihre Ferienhäuser und Wohnungen anbieten. Für Ihre Recherche sind sie bestens geeignet.

∝ Lage

Natürlich beeinflusst die Lage der Immobilie innerhalb der Region den Mietpreis. Wie weit ist die Entfernung zum Strand oder zur Bergbahn? Sind Ihre Gäste auf die Nutzung ihres Autos angewiesen oder ist alles zu Fuß gut erreichbar? Gibt es durch die zentrale Lage Lärmbelästigungen? Sind ausreichend nahe und kostenfreie Parkmöglichkeiten vorhanden? Schauen Sie: Wie viele Ferienangebote gibt es in unmittelbarer Nähe und was bieten andere Vermieter an? Ich empfehle Ihnen, breit und gründlich zu recherchieren, damit Sie sich möglichst nicht an Wettbewerbern orientieren, die nicht so erfolgreich am Markt vertreten sind.

∝ Größe der Wohneinheit

Die Geräumigkeit des Hauses umfasst zwei Aspekte, die eng miteinander verknüpft sind: die Anzahl der Quadratmeter und die der Personen, für die Sie Ihre Unterkunft ausstatten. Für eine größere Wohnung realisieren Sie einen höheren Preis. Genauso relativiert sich der Mietpreis bei einer Belegung mit einer größeren Anzahl von Personen. Eine Familie oder eine Gruppe werden mehr auszugeben bereit sein als ein Paar, da sich der Mietpreis verteilt.

Daran schließt sich die Frage an: Für wie viele Urlauber statten Sie eine Wohnung mit einer bestimmten Quadratmeterzahl aus? Versuchen Sie, die goldene Mitte zu finden. Stopfen Sie die Immobilie nicht voll, damit möglichst viele Personen Platz zum Schlafen haben, aber nutzen Sie den Raum auf der anderen Seite gut aus. Im Urlaub benötigen die Menschen weniger Raum als zu Hause, aber die Geschmäcker und Bedürfnisse sind unterschiedlich. Denken Sie nicht nur an die Bettenanzahl. Alle Personen benötigen einen Platz zum Essen, an einem Tisch, der groß genug ist, um ihn reichhaltig zu decken. Im Wohnzimmer sollten ebenfalls ausreichend Sitzgelegenheiten für ein gemütliches Zusammensein vorhanden sein.
Ihre Gäste haben Urlaub! Sie sollen sich wohlfühlen.
Wichtig ist auch der Sanitärbereich. Sorgen Sie bei der Einrichtung für mehr als vier Personen für ein zweites WC. Haben alle Urlauber genug Platz für ihre Hygieneartikel und Handtücher?
Stellen Sie das Angebot auf jeden Fall so dar, wie es ist. Veröffentlichen Sie viele Fotos, damit die Gäste einen möglichst realistischen Eindruck bekommen. Dazu später mehr.
Vergleichen Sie Ihre Immobilie für Ihre Preisfindung mit ähnlichen Angeboten am Markt.

∝ Ausstattung und Komfort

Bezüglich der Ausstattung gibt es eine lange Liste von Einrichtungsgegenständen, die in ein Ferienhaus gehören und somit keinen Einfluss auf die Preisgestaltung haben. Im Folgenden finden Sie Extras, die nicht unbedingt zur Ausstattung gehören und somit einen etwas höheren Preis rechtfertigen.

Ausstattungsmerkmale, die Extras darstellen, gruppiert nach Räumen:

- Küche:
  - Geschirrspülmaschine (wird immer mehr zum Standard)
  - Waschmaschine
  - Mikrowelle
  - Kaffee, Tee, Gewürze

- Wohnzimmer
  - Offener Kamin oder Kaminofen
  - DVD-Player und DVDs
  - CDs, Bücher und Spiele
  - Stereoanlage (CD-Ei bzw. Ghettoblaster genügt)

- Schlafzimmer
  - Zusätzlicher Fernseher
  - Übergroße Bettdecken
  - Breite Betten

- Bad
  - Badewanne (Dusche reicht aus)
  - Handtücher, Handtuchwärmer
  - Fenster

- Allgemein
  - Garage, Carport, eigener Stellplatz
  - Sauna, Solarium, Swimming-Pool
  - Fahrräder (Achtung: Fahrräder sind nicht wartungsfrei verkehrssicher!)

- Garten
  - Strandkorb, Hollywood-Schaukel
  - Sonnenschirme, Grill
  - Tischtennisplatte
  - Hundezaun

Doch Vorsicht! Werfen Sie sich nicht durch zu hohe Preise selbst aus dem Markt. Nicht alle dieser zusätzlichen Ausstattungsmerkmale rechtfertigen eine höhere Miete. Sie steigern die Attraktivität Ihres Domizils und führen zu erfolgreichen Belegungszahlen. Der Wettbewerb ist groß – insbesondere in den attraktiven Urlaubsgebieten – aber dort reisen auch viele Urlauber hin.
Hinzu kommt die Eingruppierung Ihrer Immobilie. Welchen Standard bieten Sie an? In Frage kommen gemütliche Mittelklasse, gehoben oder sogar Luxus. Er bildet die Basis sowohl für die Einrichtung als auch für die Mietpreise.

∝ Beschaffenheit
So wie der Stand der Modernisierung den Kaufpreis der Immobilie beeinflusst, nivelliert er auch den Übernachtungspreis. In einem Neubau ist die gesamte Ausstattung auf einem modernen Stand und das hat seinen Preis. Eine alte oder sogar sehr alte Immobilie hat einen großen Reiz, wenn sie etwas Besonderes ist und es nicht viele vergleichbare Domizile gibt. Investieren Sie in den Bereichen Küche, Bad und Heizung, dann haben die Gäste ihre Freude daran. In einem alten Reetdachhaus herrschen eine wohltuende Atmosphäre und ein anderes Raumklima als in einer Neubauwohnung im 10. Stock, die dafür lichtdurchflutet ist und aus der Sie einen sagenhaften Blick über die gesamte Bucht, das Tal oder auf das Bergpanorama haben. Beide können den gleichen Mietpreis erzielen.
Diese Immobilien sprechen unterschiedliche Menschen an. Die Beschaffenheit des Domizils ist eng verknüpft mit Ihrer Zielgruppe, Ihren potenziellen Gästen, die im Folgenden noch näher analysiert werden.

∝ Alleinstellungsmerkmal
Dies ist bei einer Individualimmobilie wesentlich leichter herauszuarbeiten als bei einem Domizil in einem Ferienpark oder in einer Anlage mit zahlreichen baugleichen Wohnungen oder Häusern. Diese unterscheiden sich durch die Mikrolage innerhalb des Feriendorfes. Weitere Abgrenzung zu den anderen Objekten erreichen Sie durch eine individuelle Ausstattung.

∝ Außenbereich
Im Sommer ist die Nutzung eines Balkons, einer Terrasse oder eines Gartens beliebt. Wenn Sie Ihren Gästen einen attraktiven Außenbereich zur Verfügung stellen, rechtfertigt dies einen höheren Preis.
Eine weitere Annehmlichkeit ist ein zugehöriger Parkplatz. Insbesondere bei Domizilen in der Stadt ist dies keine Selbstverständlichkeit.

∝ Service
Zusatzleistungen werden bei der Vermietung von Ferienhäusern immer wichtiger. Hierzu gehört ein persönlicher Empfang, bei dem das Domizil gezeigt und Ihr Gast mit Umgebungsinformationen und Einkaufstipps versorgt wird.
Manche Vermieter haben eine Kombination aus Wohnungen und Zimmern in einem entsprechend größeren Gebäude und bieten für die Appartement-Gäste Frühstück an. Ein großartiger Service, da Ferienhausurlaub in der Regel Selbstversorgung bedeutet.
Auch die Reinigung der Wohnung ist Service. Die Feriengäste verderben sich nicht den letzten Urlaubstag mit Putzen.
Lassen Sie sich gern etwas Besonderes einfallen, womit Sie sich vom Wettbewerb abgrenzen und der Urlaub für Ihre Gäste komfortabler wird.

Folgende Checkliste unterstützt Sie bei der professionellen Saisonzeiten, damit Sie Fehler vermeiden:

1. Zu hoch
   Zu hohe Preise schrecken potenzielle Gäste ab. Passen Sie sie den oben ausgeführten Aspekten an, damit Sie eine kostendeckende Auslastung erreichen. Und Vorsicht: Hohe Preise erwecken hohe Erwartungen. Wenn Sie diese nicht einhalten, wird es Ärger und Enttäuschung zur Folge haben – für Ihre Gäste und für Sie.

2. Zu niedrig
   Bei zu niedrigen Preisen gibt es ebenfalls zwei Aspekte zu bedenken: Zum einen decken Sie nicht Ihre Kosten – zum anderen sind nicht alle Urlauber Schnäppchenjäger. Mancher wird sich fragen, ob mit Ihrem Domizil etwas nicht in Ordnung ist, weil der Preis nicht realistisch ist.

3. Zu verwirrend
   Schaffen Sie eine klare Preisstruktur mit zwei oder maximal drei Saisonpreisen. Geben Sie dafür Zeiträume, Mindestmietzeiten und Maximalbelegungen an.
   Beispiel für ein verwirrendes Angebot: Minimalbelegung in der Nebensaison drei Nächte für zwei Personen zum Preis von 50 Euro pro Tag - bei Belegung mit sechs Gästen: Aufpreis von zehn Euro pro Nacht und Person.

4. Zu eingeschränkt
   In der Hauptferienzeit können Sie ein familiengeeignetes Domizil wochenweise vermieten, um eine optimale Auslastung zu gewährleisten. In der Nebensaison bieten sich flexible Reisetage und Zeiträume an, da Kurzurlaube sich großer Beliebtheit erfreuen.

5. Zu vage
   Legen Sie Ihre Preise fest und veröffentlichen Sie diese. Vage Angaben wie ‚Übernachtung ab 50,- Euro' führen nicht zum Ziel. Die Interessenten wünschen explizite, transparente Preisangaben.

6. Nicht vorhanden
   Nicht vorhandene Preise knüpfen an die Überlegungen des vorherigen Punktes an. Ohne Preisangabe verlieren die Urlauber das Interesse an Ihrem Inserat – und möchten Sie mit jedem Interessenten telefonieren oder mailen und Ihre Preisstruktur erklären?

7. Ein Preis für das ganze Jahr
   Saisonpreise sind in dieser Branche üblich und werden von den Urlaubern erwartet. Mit Nebensaisonpreisen und Sonderangeboten in der ‚Nicht-Saison' erzielen Sie eine hohe Gesamtbelegung. Eine Ausnahme bilden unter Umständen Domizile in Großstädten.

8. Übertriebene Nebenkosten und Gebühren
   Separat berechnete Reinigungskosten und Kautionen sind üblich. Für die Reinigung liegen die Kosten bei 30 bis 180 Euro je nach Größe des Objekts und Zusatzleistungen wie enthaltenes Wäschepaket. Für die Kaution sind 200 Euro pauschal oder 10% vom Mietpreis angemessen.
   Zu hohe Nebenkosten wirken abschreckend, zu niedrige Preise für die Reinigung lassen an der Qualität der Dienstleistung zweifeln.

9. Zusätzliche Gebühren für jede Kleinigkeit
   Der Großteil der privaten Vermieter bietet seine Unterkunft zu einem Preis an, der dann – außer der Reinigung – alles enthält. Wenn zusätzliche Personen und Tiere extra kosten, die Energie separat abgerechnet wird, ein vorhandener Pool eine Eintrittskarte verlangt, wird dies für den Gast unübersichtlich und teuer, er bucht woanders.

10. Zu schnelle Preissenkung
    Senken Sie die Preise nicht zu spontan. Das Buchungsverhalten verändert sich im Laufe der Jahre. Zum einen wird kurzfristig gebucht, zum anderen sind gegenläufige Tendenzen zu beobachten. Die Gäste sichern sich bereits früh ihre Wunschzeiträume in attraktiven Domizilen.
    Rabatte sind möglich und werten in den schlechter gebuchten Zeiträumen die Belegungszahlen auf. Versuchen Sie, in den Saisonzeiten Ihre Preise durchzusetzen. Riskieren Sie im Zweifel einmal einen Leerstand.

Meine zusammenfassende Empfehlung
Insgesamt empfehle ich Ihnen gerade zu Beginn, die Mieten nicht zu hoch anzusetzen, um die kalkulierte Auslastung möglichst früh zu erreichen. Sie machen Ihr Domizil bekannt und gewinnen Stammgäste. Das bedeutet nicht, dass Sie Dumpingpreise ansetzen, dann wird Ihre Finanzierung nicht gedeckt. Außerdem können Sie nicht nach ein bis zwei Jahren die Preise immens erhöhen. Dann vergraulen Sie Ihre Wiederkehrer und die, die Ihr Objekt vorgemerkt haben. Siedeln Sie sich im Mittelfeld an, genießen Sie den Erfolg der Auslastung und sammeln Sie Erfahrungen - auch das ist wichtig!

Das Finanzamt „wünscht" sich ebenfalls eine möglichst hohe Auslastung und Gewinnerzielungsabsicht, damit Ihr Objekt steuerlich anerkannt wird.

3.1.2 Preise für Haupt- und Nebensaison, Sonderpreise

Unabhängig davon, in welcher Gegend Sie investieren, gibt es immer Haupt- und Nebensaison, das heißt: Zeiten in denen sehr viele Urlauber kommen und andere, die weniger gefragt sind. In der Konsequenz haben Sie mindestens zwei Preise für diese Zeiträume. In Top-Urlaubsgebieten werden manchmal noch höhere Mieten für die Kernurlaubszeiten verlangt, so z.B. in St. Peter-Ording an der Nordsee im Juli und August.

Bei zwei Saisonzeiten kann die Aufteilung wie folgt aussehen:

Hauptsaison	Silvesterüberhang	bis ca. 07.01.
Nebensaison	bis und ab Ostern bis Ende Mai	08.01. bis 31.05. außer Ostern
Hauptsaison	Ostern	über ca. zwei Wochen
Hauptsaison	Sommerurlaub	01.06. bis 15. oder 30.09.
Nebensaison	Herbst	16.09. oder 01.10. bis ca. 17.12.
Hauptsaison	Jahreswechsel	ca. 18.12. bis 07.01.

Tabelle 2: Beispiel für Saisonzeiten

Daneben schaffen Sie mit Sonderpreisen Anreize:

∝ Für Zeiträume, die in dieser Gegend nicht attraktiv sind
Im Norden an den Küsten macht dies für den November und das erste Quartal Sinn. Locken Sie, indem Sie den Urlaubern Nächte schenken, je länger diese buchen: 7 für 6, 10 für 8, 14 für 11 - nach dem Schema sieben Nächte bleiben und nur sechs bezahlen. Als Basis nehmen Sie den Nebensaisonpreis. Bedenken Sie dabei die höheren Energiekosten, da diese Zeiträume im Winter und damit in der Heizperiode liegen.

∝ Anreize für Frühbucher schaffen
Wenn Sie gerne früh Klarheit darüber haben, wie voll Ihre Belegungskalender sind und es Ihnen so viel wert ist, dafür einen Rabatt zu geben, dann nutzen Sie dieses Instrument.
Mein Tipp: Beschränken Sie das Angebot auf Zeiträume, die sich schwieriger vermieten lassen.

∝ Last-Minute-Rabatt
Der Last-Minute-Rabatt ist ein weit verbreitetes Mittel, um übrig gebliebene oder durch Stornierungen wieder frei gewordene Zeiträume mit einem Buchungsanreiz zu versehen. Es ist üblich, den Gästen 10% Rabatt zu gewähren, wenn zwischen Buchung und Anreise weniger als zwei Wochen liegen.

Nachteilig dabei ist die mögliche Ansprache von Schnäppchenjägern. Denen geben Sie einen Ansporn spät zu buchen, was für Sie mit größerer Unsicherheit behaftet ist, ob Sie den Zeitraum überhaupt vermietet bekommen. Den Anreiz belohnen Sie mit einer Umsatzeinbuße.
Ich empfehle Ihnen, in Ihre Bedingungen zu nehmen, dass sich nicht mehrere Rabatte in Kombination anwenden lassen. Sonst bleibt am Ende zu wenig für Sie übrig.

3.1.3 Recherche: Wie legen Sie Ihre Preise fest?

Sie haben Ihre Liste mit den Eckdaten Ihrer Wunschimmobilie angefertigt. Im nächsten Schritt recherchieren Sie im Internet auf Online-Plattformen für Feriendomizile, sogenannte Ferienportale. Schnell werden Sie herausfinden, dass fewo-direkt.de der Marktführer ist. Aktuell zwingt dieser alle Inserenten, das Instrument der Online-Buchung für die Gäste zu aktivieren. Das ist im Grunde fortschrittlich und zeitgemäß.

Es gibt jedoch einen entscheidenden Nachteil: Die Vermieter werden gleichfalls gezwungen die damit verbundenen Online-Zahlungen über einen Dienstleister abzuwickeln. Dieser kassiert nicht nur 3% Gebühren vom Brutto-Mietpreis, sondern arbeitet auch monatelang mit Ihrem Geld. Die von dem Gast getätigte Zahlung wird erst nach Anreise an Sie weitergereicht. Bucht ein Gast jetzt im Februar für den Sommer - was üblich ist - oder sogar für den Jahreswechsel, entrichtet dieser eine Vorauszahlung, damit sie sicher sein können, dass er die Buchung auch ernst meint. Normalerweise glätten Sie damit Ihre Umsatzschwankungen durch die verschiedenen Saisonzeiten. Nun behält der Dienstleister monatelang Ihr Geld. Statt Sie mit Zinszahlungen zu entschädigen, berechnet er Ihnen zusätzlich 3%.
Sollten Sie sich dennoch für dieses Modell entscheiden, definieren Sie explizit Ihre Stornobedingungen, sonst gehen Sie am Ende leer aus.

Doch auch andere Plattformen sind erfolgreich und wachsen ständig weiter. Es gibt Spezialplattformen für Regionen und Zielgruppen, wie z.B. Hundebesitzer.
Wenn Sie bei Google *Ferienhaus, Fewo* oder *Ferienwohnung* eingeben, erhalten Sie eine große Anzahl von Ergebnissen. Erweitern Sie Ihre Suche um spezielle Kriterien, die auf Ihr Domizil passen.
Geben Sie auf dem Ferienportal den Ort Ihres Domizils ein, um zu schauen, welcher Wettbewerb Sie in dieser Gegend erwartet. Sie können sich alle Objekte anschauen oder die Suche gleich zu Beginn auf Ihre Eckdaten eingrenzen.

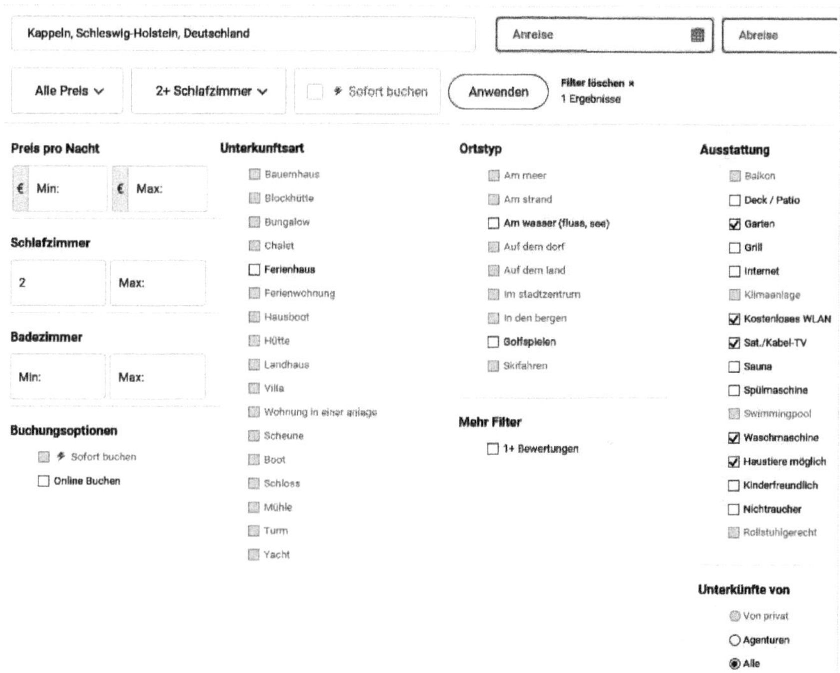

Abb. 1: Suchmaske auf einem Ferienportal

Wenn Sie Ihre Immobilie über eine eigene Suche im Internet gefunden haben, kennen Sie das Prozedere bereits.
Schauen Sie sich die Domizile an und vergleichen Sie die Angebote sowie Preise. Sie erhalten einen Eindruck von dem Preisniveau und

können einschätzen, wie hoch Sie die einzelnen Saisonpreise für Ihr Objekt ansetzen.
Sollte Ihnen das schwerfallen, fertigen Sie sich eine Liste von 10 bis 20 Ferienhäusern oder Wohnungen an. Notieren Sie die Preise und schreiben Sie dazu, wie ähnlich sie Ihrer zukünftigen Immobilie sind. Das Gleiche wiederholen Sie im Anschluss mit einem anderen Portal.

Lassen Sie dabei Vorsicht mit der Orientierung an Belegungskalendern walten, sie sind nicht immer korrekt gepflegt und leiten Sie möglicherweise in die Irre. Bei provisionsbasierten Portalen blocken die Vermieter manchmal die Zeiträume, die auf jeden Fall über pauschal bezahlte Plattformen gebucht werden, um Umsatzbeteiligungen zu sparen. Andere Belegungskalender wiederum zeigen weniger belegte Zeiträume an, als tatsächlich vorhanden sind, weil sie nicht aktuell gehalten werden.

3.2 Abschätzung der Belegungszahlen

Nachdem der Mietpreis recherchiert und festgelegt wurde, soll nun der zweite Faktor, der Ihren Umsatz ergibt, analysiert werden: Die Belegung – also Ihre Auslastung.
Dabei ist auch der Mietpreis ein Aspekt, der entscheidenden Einfluss hat. In einem bestimmten Preisbereich wird die Zahl der gebuchten Nächte steigen, wenn der Preis sinkt. Hier ist es wichtig zu beobachten, welche Auswirkungen dies auf den Umsatz hat.

Hier ein Beispiel:
Ihr Haus an der Nordsee erzielt in der Hauptsaison bei einem Preis von 80 Euro lediglich 80 von 120 Nächten, die Sie gerne komplett auslasten wollen.

Sie haben jetzt: 80 Nächte à 80,- € = 6.400,- €

Sie senken den Preis auf 70,- € pro Nacht und vermieten 90 Nächte und denken *Großartig*, doch was passiert mit Ihrem Umsatz?

Nach Preissenkung: 90 Nächte à 70,- € = 6.300,- €

Ihr Umsatz ist gesunken, Sie wenden aber für weitere 10 Nächte Energie auf, die in aller Regel bei Ferienhäusern nicht separat abgerechnet wird.
Haben Sie ein wenig Geduld! Wenn Sie Ihren Preis gründlich recherchiert haben, senken Sie ihn nicht im zweiten Jahr, weil Sie mit der Belegung der ersten zwölf Monate nicht zufrieden waren. Im nächsten Jahr kann es anders aussehen, ein bisschen Anlaufzeit ist auch mit den heutigen schnellen Kommunikationsmitteln nötig. Wenn Sie für 80 Euro dann 90 oder 100 Nächte vermieten, haben Sie einen wesentlich höheren Umsatz generiert.

Anders sieht es aus, wenn Sie Ihren Preis doch zu hoch angesetzt haben – möglicherweise bewusst, um auszuprobieren, ob er durchsetzbar ist. Es macht Sinn, ihn ein wenig nach unten zu korrigieren.
Ein bisschen Risiko ist immer dabei, nicht zuletzt, weil das Wetter und andere Aspekte wie die allgemeine Wirtschaftslage die Anzahl der vermieteten Nächte beeinflussen.

3.2.1 Faktoren, die Ihre Auslastung beeinflussen

Wie kommen Sie bei einem angemessenen, nicht zu niedrig angesetzten Preis zu einer hohen Belegung?
Welche Aspekte sind zu berücksichtigen?

- Zielgruppe
- Attraktivität Ihres Domizils - Alleinstellungsmerkmal
- Schnelle und aktuelle Marketing- und Verwaltungsaktivitäten
- Vermietungsbedingungen: Was nehmen Sie an?

Das bedeutet im Detail:

- Zielgruppe

Analysieren Sie Folgendes: Wer kommt in Frage? Worauf achten Sie bei der Einrichtung des Hauses, damit Sie ausgewählte Gruppen ansprechen? Wer ist in Ihrem Domizil unerwünscht?
Nehmen Sie diese Einteilung früh vor, denn hier haben Sie einen großen Einflussfaktor auf die Anzahl der Nächte, die Sie realisieren und die somit Ihren Umsatz beeinflussen.
Im ersten Schritt erfahren Sie, welche Gruppen sich unterscheiden und ob sie Auswirkung auf die Einrichtung haben.

- Familien (Patchwork)
    - Wenn Ihre Immobilie groß genug ist, um zwei und mehr Schlafzimmer einzurichten, sind Sie für diese Zielgruppe bestens gerüstet. Ein kombiniertes Wohn-Schlafzimmer - bestenfalls zusätzlich zum Wohnzimmer – dient tagsüber für Kinder als Spiel- und nachts als Schlafzimmer. So geben Sie einer Familie insbesondere bei schlechtem Wetter viel Raum zur Entspannung.
    - Wichtig im Wohnzimmer: Größe insgesamt und Anzahl der Sitzgelegenheiten
    - Dimension des Essbereichs: Ist der Tisch groß genug und gibt es eine ausreichende Anzahl an Stühlen?
    - Kindgerechte Einrichtung: Berücksichtigen Sie für Kinder zweierlei: Unterhaltung und Sicherheit!
      Für Spaß und Spannung sorgen Bücher, Filme und Spiele für drinnen und draußen.
      In puncto Sicherheit lassen sich viele Schutzmaßnahmen schnell und günstig installieren. An erster Stelle stehen Steckdosen. Eingebaute Sicherungen schützen. Ältere Modelle sind mit Einsätzen leicht nachzurüsten, so dass sich die Löcher verschließen, sobald der Stecker entfernt wird.

Auch durch Fenster, Türen, Treppen und Schränke droht Verletzungsgefahr. Sichern Sie Treppen mit Sperrgittern und verschrauben Sie Regale und Schränke mit den Wänden, damit aus einer möglichen Kletterpartie kein Unfall wird. Weiterführende Informationen finden Sie im Internet unter www.kindersicherheit.de, eine Seite der Bundesarbeitsgemeinschaft ‚Mehr Sicherheit für Kinder e.V.'.

- Fazit: Gerade große Immobilien sind für Familien sehr gut geeignet und können mit geringem Mehraufwand dafür eingerichtet werden.

- Hundebesitzer
  - Außenbereich: Wenn Sie an Tierhalter vermieten, die zusammen mit ihren Vierbeinern anreisen, ist ein eingezäunter Garten das Wichtigste!
  - Empfehlenswert sind pflegeleichte Bodenbeläge im Haus: Design-Böden aus Vinyl/PVC, Parkett und Fliesen sind Teppichböden vorzuziehen - sie sind pflegeleichter, feuchtigkeitsbeständig und geben Tierhaare schneller wieder her.

    Der Reinigungsaufwand ist bei vierbeinigen Gästen etwas höher und entsprechend zu kalkulieren.
  - ‚Hundegerechte' Einrichtung gibt es darüber hinaus nicht – generell empfehlen sich in einem Ferienhaus auf Polstern eher gemusterte oder dunkle als helle Stoffe. Gestalten Sie in freundlichen Farben lieber Ihre Wände.
  - Fazit: Die Vermietung an Hundebesitzer ist eine gute Möglichkeit, die Zielgruppe zu vergrößern, wenn Ihre Immobilie an sich und die Lage dafür geeignet sind. Beschädigungen durch Hunde sind nach meiner Erfahrung selten.

- Raucher
    - Möglich ist, dass es bei starken Rauchern für die nachfolgend anreisenden Gäste zu Geruchsbelästigungen kommt. Es kann passieren, dass Nichtraucher mit dieser Befürchtung ihr Domizil nicht buchen, wenn Sie sehen, dass Rauchen erlaubt ist – entscheiden Sie selbst!
    - An der Einrichtung entdecke ich persönlich keine größeren Verschleißerscheinungen. Viele Raucher schmöken mittlerweile draußen.
    - Fazit: Ansichtssache

- Senioren
    - Eine große Zielgruppe, die Zeit und Geld zur Verfügung hat. Eine außerordentliche Einrichtung ist nicht vonnöten, manchmal werden Domizile ohne Treppen bevorzugt.

- Monteure, Handelsreisende, Geschäftsreisende
    - bevorzugen Domizile in zentraler Lage bzw. die gut erreichbar sind
    - Oftmals genügt eine funktionale Ausstattung
    - Ansonsten keine Besonderheiten, außer, dass sie das Domizil nur abends und nachts nutzen und dadurch tendenziell weniger Energie verbrauchen.

- Rollstuhlfahrer
    - Ihre Immobilie ist ebenerdig gelegen oder mit dem Fahrstuhl erreichbar. Treppen und schmale Türen sind kontraproduktiv. Rollstuhlfahrer haben besondere Anforderungen an den sanitären Bereich. Diese Zielgruppe ist dankbar, wenn Sie eine rollstuhlgerechte Wohnung zur Verfügung stellen, da die meisten Domizile diesen Komfort nicht bieten.

Viele Zielgruppen wie Pärchen und Freunde benötigen keine besondere Ansprache. Sie werden durch die Lage und Ausstattung Ihres Domizils inspiriert.
Ansonsten gibt es Urlauber mit Interessen, Hobbys und Vorlieben für Sportarten oder Wellness. Sprechen Sie diese Zielgruppen an, richten Sie sich auf deren Bedürfnisse ein. Es ist immer eine Abwägung von Kosten und Nutzen.

∝ Attraktivität des Domizils

Dass Ihr Ferienhaus etwas Besonderes werden soll, ist selbstverständlich. Dazu gehören die Lage genauso wie die Einrichtung und Ausstattung.
Dieser Punkt ist eng mit dem Alleinstellungsmerkmal verknüpft: Was macht Ihr Angebot besonders? Wie grenzen Sie es von dem Wettbewerb ab?

∝ Schnelle und aktuelle Marketing- und Verwaltungsaktivitäten

Die meisten Buchungsanfragen werden per eMail gestellt. Kurze Reaktionszeiten schaffen einen klaren Wettbewerbsvorteil, denn die Interessenten fragen oft mehrere Objekte an, die ihnen gefallen und buchen dann dort, wo sie das erste Angebot bekommen. Wenn Sie die Vermarktung und Vermietung selbst organisieren, antworten Sie so schnell wie möglich.
Auf einigen Portalen wird – wie bereits ausgeführt - mittlerweile direkt gebucht. In diesem Fall haben Sie als Vermieter zwei Optionen, zwischen denen Sie sich entscheiden können:
Entweder haben Sie 24 Stunden Reaktionszeit, um die Buchung zu akzeptieren oder dem Gast Änderungen vorzuschlagen, ansonsten wird sie automatisch abgelehnt. Bei der zweiten Option kann der Gast direkt buchen. Das klingt bequem, doch bedenken Sie dabei, dass die Zeiträume, die mindestens gebucht werden müssen, nicht zu wenige Tage umfassen. Sonst haben Sie pro Woche lediglich drei Nächte vermietet, z.B. über lange Wochenenden. Ein Zeitraum von Montag bis Freitag ist für Urlauber weniger attraktiv.

Wenn Sie die Vermarktung und Verwaltung Ihrer Immobilie einer Agentur übertragen, achten Sie auf schnelle und zuverlässige Bearbeitung Ihrer Anfragen. Kontrollieren Sie es gerne.
Eng damit verknüpft ist die Pflege der Belegungskalender. Das Internet ist ein schnelles Medium und soll aktuelle Informationen liefern. Ein ständig gepflegter Belegungskalender auf Ihrer eigenen Website und den Ferienportalen, auf denen Sie inserieren, ist Pflicht. Wenn Sie das nicht schaffen können, verzichten Sie lieber auf dieses Instrument.

∝ Vermietungsbedingungen: Was nehmen Sie an?
Sie haben bereits erfahren, dass der Trend zu späten Buchungen wieder abnimmt. Trotzdem buchen einige Gäste ihren Urlaub sehr kurzfristig vor der Anreise. Außerdem wurden die Buchungszeiträume eine Zeitlang immer kürzer. Viele fahren gern für ein paar Tage weg, Buchungen über drei bis vier Wochen gibt es kaum noch. Es stellt sich die Frage: Einen Zeitraum für drei, vier oder fünf Nächte weggeben oder darauf hoffen, dass später eine Anfrage über sieben bis zehn Tage kommt? Es ist eine Gratwanderung und im Einzelfall zu entscheiden, ob eine kurze Buchung besser ist als nichts oder ob auf eine attraktivere Anfrage gewartet wird.
Versuchen Sie kurze Buchungen über wenige Nächte im Anschluss an bereits belegte Zeiträume zu vermieten. Probieren Sie es einfach aus!

3.2.2 Hilfsmittel zur Umsetzung

So, Sie haben recherchiert, sich nochmals über Zielgruppen und Ausstattung Gedanken gemacht und legen Ihre Preise fest. Im Anschluss schätzen Sie ab, wie viele Nächte Sie voraussichtlich in den einzelnen Zeiträumen der Haupt- und Nebensaison vermieten werden.

Als Basis dient der Kalender von 2020 mit dem Osterfest am 12. und 13. April:

Zeiten	Saison	Preise	Nächte	Summe
01.01.– 04.04.	Nebensaison			
05.04. – 20.04.	Hauptsaison Ostern			
21.04. – 31.05.	Nebensaison			
01.06. – 30.09.	Hauptsaison			
01.10. – 20.12.	Nebensaison			
21.12. – 31.12.	Hauptsaison Jahreswechsel			
Summe				

Tabelle 3: Tabelle für Ihre Umsatzprognose

Passen Sie die Tabelle gerne an, wenn Sie andere Saisonzeiten in der Gegend haben, in der Sie investieren.
Ihre Kalkulation sollte mindestens 160 Übernachtungen ergeben, das ist dann Ihr Durchschnittswert. Besser wäre eine Gegend mit einer Prognose von 180 Nächten, um wirtschaftlich erfolgreich zu sein. An nicht vermieteten Tagen kann das Haus verschönert oder für den eigenen Urlaub genutzt werden.
Es ist durchaus möglich 200 und mehr Tage pro Jahr zu vermieten, doch es wird Schwankungen geben! Kalkulieren Sie so, dass Sie nicht aus dem finanziellen Gleichgewicht geraten, wenn Sie in einem Jahr nur 150 Nächte oder weniger realisieren. Prüfen Sie, in welcher Höhe Sie dieses Projekt aus Ihrem originären Einkommen subventionieren wollen bzw. können.

Wenn Sie die Abschätzung im Moment überfordert, überspringen Sie den Schritt an dieser Stelle und schauen sich die folgenden Beispiele an. Sie unterstützen Sie bei der Aufstellung Ihres Business-Plans.

Kompakte Zusammenfassung

<table>
<tr><td rowspan="4">Die Einnahmeseite Ihres Feriendomizils</td><td>Für Ihre Wirtschaftlichkeitsberechnung ist eine Umsatzprognose unabdingbar. Sie betrachten dafür die Einnahmeseite Ihres Domizils: Mietpreis x belegte Nächte</td></tr>
<tr><td>Um realistische Preise zu ermitteln, beschreiben Sie Ihr Objekt nach zahlreichen Kriterien, die Einfluss darauf haben:
- Region
- Lage
- Größe der Wohneinheit: qm und Anzahl der Personen
- Ausstattung und Komfort
- Beschaffenheit
- Alleinstellungsmerkmal
- Außenbereich
- Service</td></tr>
<tr><td>Neben Haupt- und Nebensaisonpreisen können Sie mit Sonderpreisen und Rabatten Anreize für jahreszeitlich bedingte, schlechter gebuchte Zeiträume schaffen.</td></tr>
<tr><td>Schätzen Sie daraufhin die Anzahl der belegten Nächte ab. Beziehen Sie Faktoren wie Zielgruppen, Alleinstellungsmerkmale und den Umfang Ihrer Marketingaktivitäten mit ein.</td></tr>
</table>

4 Praktische Anwendung an drei Beispielen

Sie haben gesehen, welche Kriterien in die Berechnung der Wirtschaftlichkeit einer Ferienimmobilie eingehen. In diesem Kapitel werden drei exemplarische Domizile dargestellt, die unterschiedliche Voraussetzungen und Schwerpunkte mitbringen. Diese Beispiele erleichtern es Ihnen, für Ihr eigenes Projekt einen Business-Plan aufzustellen.

4.1 Beispiel 1: Doppelhaus an der Nordsee

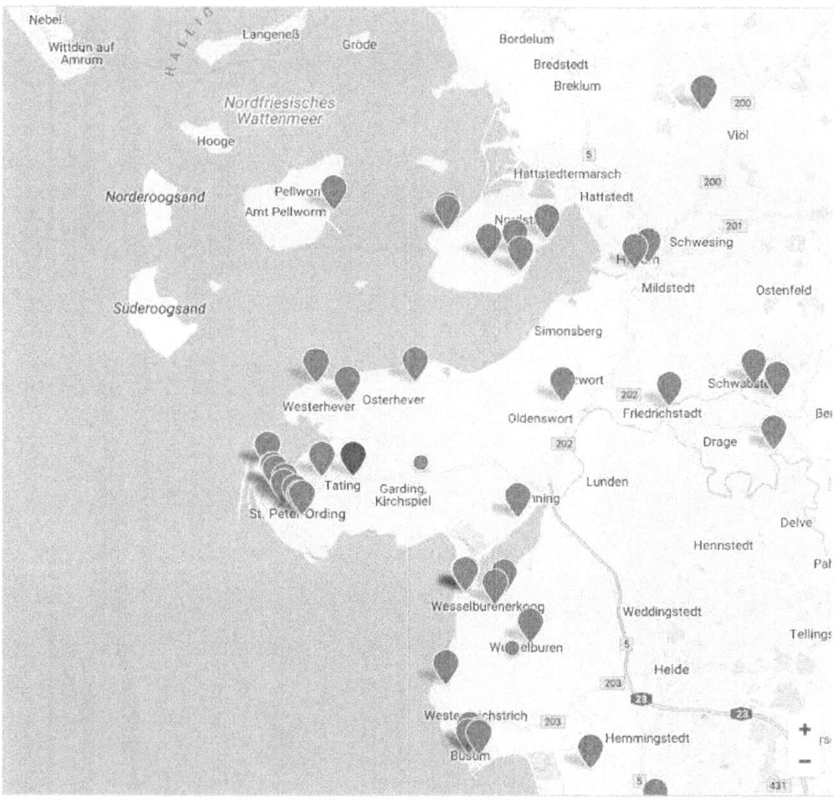

Abb. 2: Region des Ferienhauses 1 / Quelle: Google maps

Betrachtet wird ein Doppelhaus bei Sankt Peter-Ording an der Nordseeküste von Schleswig-Holstein. Der Zeitpunkt der Übergabe ist der 01. Februar. Für die Renovierungs- und Einrichtungsarbeiten werden drei Monate eingeplant.

Selbstverständlich ist an der Nordsee im Sommerhalbjahr die Hauptsaison mit dem Umsatzschwerpunkt. Aufgrund des rauen und gesunden Klimas erfreut sich diese Küste jedoch im gesamten Jahr großer Beliebtheit und wenn Sie ein attraktives Domizil aussuchen und es entsprechend gestalten, generieren Sie im Winterhalbjahr zusätzlichen Umsatz. Auch die Festlegung der Zielgruppe beeinflusst Ihre Zahlen. In der Nebensaison und in den Wintermonaten locken Sie Urlauber mit einem Kamin oder einer Sauna. Der Jahreswechsel ist ebenfalls eine beliebte Reisezeit.

Vermietungsstart ist der 1. Mai, wenn der Zeitplan eingehalten wird. Das ist ein gutes Timing, denn die Wohneinheiten sind zu Beginn der Hauptsaison bezugsbereit.
Um die Vermietung des Hauses zu starten, werden schnell Innenfotos benötigt. Wenn früh und geschickt vermarktet wird, bedeutet dies Buchungen und Vorauszahlungen – möglicherweise bereits vor Vermietungsbeginn.

4.1.1 Das Besondere an diesem Fall

Folgende Kriterien sind bei dieser Immobilie und ihrer Vermietung hervorzuheben:

∝ Individualimmobilie

Die Immobilie des ersten Beispiels ist ein gebrauchtes Doppelhaus unter Reet, das Sie komplett erwerben. Es punktet mit einem großen Garten und einer idyllischen Randlage in einem Dorf, das ansonsten fest bewohnt wird. Es handelt sich um eine Individualimmobilie.

∝ Alleinstellungsmerkmal

Es ist wichtig, ein oder besser mehrere Alleinstellungsmerkmale herauszuarbeiten:

- Sehr persönlich und individuell eingerichtet: ein Zuhause auf Zeit
- Altes saniertes Fachwerkhaus unter Reet, das ursprüngliche Gemütlichkeit mit modernem Komfort und Einrichtungsdetails verbindet.
- Haustiere sind willkommen: durch den großen eingezäunten Garten wird dies insbesondere gern von Hundebesitzern in Anspruch genommen, es gibt zahlreiche Hundestrände in der Nähe, die unmittelbare Umgebung des Hauses lädt ebenfalls zu Spaziergängen ein.

∝ Vermarktung in Eigenregie

Der Eigentümer vermietet das Domizil in Eigenregie. Das macht die Vermarktung individueller und möglicherweise leidenschaftlicher. Außerdem erhöht sich die Rendite, da keine Agentur bezahlt wird. Dafür steigt der Arbeitsaufwand.

∝ Umsatzsteuerpflicht

Grundsätzlich unterliegen die Einkünfte von Ferienimmobilien der Umsatzsteuerpflicht. Sie können sich als Kleinunternehmer davon befreien lassen, wenn der Umsatz im ersten Jahr unter 22.000 Euro und in Folgejahren unter 50.000 Euro liegt.
Da es sich um zwei gehobene Wohneinheiten handelt, werden bereits im ersten Jahr über 22.000 Euro angenommen. Das heißt, es besteht Umsatzsteuerpflicht: Der Mietpreis enthält 7% Mehrwertsteuer, die an das Finanzamt abgeführt wird. Dafür geben Sie als Vermieter der Immobilie Umsatzsteuervoranmeldungen ab – dies hat innerhalb von 10 Tagen nach Ablauf des Voranmeldungszeitraumes zu geschehen (§ 18 Abs. 1 Umsatzsteuergesetz). Der Voranmeldungszeitraum ist abhängig von der Umsatzsteuerschuld des Vorjahres. Die Grenze beträgt 7.500 Euro. Ist das Steueraufkommen höher, geben Sie Ihre Voranmeldung monatlich ab, ist es niedriger, ist dies quartalsweise notwendig.

Existenzgründer geben grundsätzlich die ersten zwei Jahre jeden Monat ab. Dies gilt auch für die Vermietung einer Ferienimmobilie.

Alle Kosten, die Mehrwertsteuer enthalten, werden dagegen gesetzt. Das heißt, Sie ziehen sich im Gegenzuge die Vorsteuer auf alle Ausgaben, die Mehrwertsteuer enthalten. Sie holen sich über die Umsatzsteuervoranmeldung diese Steuer auf alle Investitionen und laufenden Kosten vom Finanzamt zurück und bezahlen dadurch nur den Nettobetrag. Das kann dazu führen, dass es sich bei Umsätzen unter der Bemessungsgrenze lohnt, freiwillig zur Umsatzsteuerpflicht zu optieren, wenn umfangreiche Investitionen geplant sind. Interessant ist dabei zusätzlich, dass Sie sich aus den Kosten 19% als Vorsteuer ziehen, wogegen auf Ihren Umsätzen aus der Vermietung lediglich 7% Umsatzsteuer entstehen.

Ausführlich wird dies im Band 7 dieser Reihe erklärt. Der kurze Exkurs dient dem Verständnis des Beispiels und zeigt Ihnen für die Wirtschaftlichkeitsberechnung Ihres Wunschdomizils auf, welche Aspekte Sie zu berücksichtigen haben.

4.1.2 Spezifikationen

Um eine realistische Kalkulation der Mietpreise vorzunehmen, wird das Haus nach den im vorherigen Kapitel aufgeführten Kriterien beschrieben. Im Anschluss werden die Preise auf der Basis einer Internetrecherche auf Vermietungsportalen von Ferienimmobilien festgelegt.

∝ Region

Das Haus steht auf Eiderstedt, einer schleswig-holsteinischen Halbinsel der Nordseeküste, die sich großer Beliebtheit erfreut. Durch den Ort St. Peter-Ording mit seinem langen und breiten Strand handelt es sich um ein Top-Urlaubsgebiet.

- Lage

Das Domizil steht nicht in bester Lage in der ersten Wasserlinie, sondern ca. fünf Kilometer von St. Peter-Ording entfernt. Das Preisniveau ist gehoben, denn das Dorf gehört zum Einzugsgebiet und ist ruhig gelegen. Das zieht Menschen an, die mit ihren Haustieren verreisen und nicht direkt im Trubel wohnen möchten.
Grundversorgung bietet eine minimale Infrastruktur, komplett versorgen sich die Urlauber in vier Kilometer Entfernung.

- Größe der Wohneinheiten/Anzahl der Personen:

Es handelt sich um ein kleines Doppelhaus mit 90 qm pro Haushälfte, die jeweils für vier Personen ausgestattet sind. Es gibt pro Einheit geräumige Wohn-Esszimmer mit dänischen Kaminöfen und separaten Küchen – außerdem zwei Schlafzimmer und ein Duschbad mit Fenster.

- Ausstattung und Komfort

Das Ferienhaus ist auf mittlerem Niveau ausgestattet. Es wird gehobene Qualität der Einrichtung geboten, die zu dem Stil des Landhauses passt – jedoch kein Luxus. Komfort bieten Kamine, Geschirrspüler, Waschmaschinen und ansprechende TV-Ausstattung. Badewannen, Sauna und Whirlpool werden nicht geboten. Es ist möglich, auf dem großen Grundstück eine Saunahütte zu bauen.

Die Ausstattung ist liebevoll und persönlich. Es wird das Motto ‚Zuhause auf Zeit' verfolgt. Viele Kleinigkeiten wie Gewürze, Kaffee, Tee, Öl, Teelichter, Wolldecken etc. stellen Extras dar. Sie reduzieren das Gepäck der Gäste und sorgen für Urlaub vom ersten Moment an.

- Beschaffenheit

Es handelt sich um ein altes Reetdachhaus mit geschätztem Baujahr um 1700. Das Haus ist grundsaniert und modern isoliert, verfügt über eine Gasheizung, moderne Küchen und Duschbäder.

∝ Außenbereich

Der Garten ist mit 1500 qm relativ groß. Durch schönen alten Baumbestand entstehen Nischen und abgetrennte Bereiche, die Familien und Urlaubern mit Hund Entspannung bieten. Er ist eingezäunt und es werden Gartenmöbel, Strandkörbe und ein Grillplatz angeboten. Mehrere Parkplätze direkt hinter dem Haus sind vorhanden.

∝ Service

Eine Hausbetreuung empfängt die Gäste und versorgt sie auf Wunsch mit Informationen über Ausflugsziele und Einkaufsmöglichkeiten.
Sie übergibt das Haus gereinigt. Die Kosten werden separat berechnet.

∝ Zielgruppen

- Fans von St. Peter-Ording
- Familien mit maximal zwei Kindern, da pro Haushälfte vier Betten zu Verfügung stehen
- Menschen, die mit ihrem Haustier, insbesondere Hunden verreisen
- Befreundete Familien, die Individualität schätzen – so hat jede Familie eine eigene Küche und ein separates Bad
- Paare, die Ruhe und Erholung suchen
- Kleine Gruppen, die eine oder beide Haushälften buchen
- Raucher – werden nicht explizit beworben, aber es ist erlaubt

Zusätzlicher Aspekt

Beide Wohneinheiten besitzen einen Kamin und bieten somit Attraktivität für Gäste, die in der Nebensaison entspannen wollen. Dies steigert die Belegung im Winterhalbjahr.

4.1.3 Einmalige Kosten

In der nachstehenden Tabelle sind die Kosten der Kalkulation für den Kauf einer Immobilie und deren Einrichtung zusammengestellt. Auch der Start der Vermarktungsaktivitäten wird hier budgetiert.

Position	Betrag
Kaufpreis des Hauses incl. Einbauküchen	395.000,- € (30.000,- €)
Nebenkosten Makler 6,25% incl. Steuer Notar 1,5% Grunderwerbsteuer 6,5%	 24.687,50 € 5.925,- € 23.725,- €
Sanierungs- und Renovierungskosten	10.000,- €
Umlaufvermögen also Einrichtung des Hauses: Möbel, Elektrogeräte und Geschirr etc.	25.000,- €
Vermarktung starten: Fotos und Texte, Portaleinträge, eigene Website, Flyer, Postkarten	4.050,- €
Reserve (individuell festzulegen, je nach Zustand der Immobilie)	3.000,- €
Summe	491.387,50 €

Tabelle 4: Kapitalbedarf Beispiel 1

4.1.4 Monatliche Kosten

Dieses Kapitel befasst sich mit den laufenden Kosten. Alle regelmäßig anfallenden fixen Positionen werden auf monatliche Beträge umgerechnet, damit die Aufstellung übersichtlich bleibt.

Zusatzinformation zu der Berechnung in diesem Beispiel:
Es handelt sich um ein Landhaus mit einer eigenen Drei-Kammer-Klärgrube, die einmal jährlich geleert wird, die Wasserkosten sind dadurch sehr niedrig. Das Haus ist zeitgemäß isoliert, so dass sich der Energieaufwand auf normalem Niveau befindet. Die Kosten

sind in einer realistischen Größenordnung für diese Hausgröße ausgewiesen.

Monatliche Kosten	Betrag
Heizkosten, hier Gas	200,- €
Strom	70,- €
Wasser	10,- €
Grundsteuer, Müll, Klärgrubenleerung	50,- €
Versicherungen	70,- €
Werbung	70,- €
Gartenpflege	70,- €
Pauschale für Hausbetreuung	60,- €
Zweitwohnungssteuer	10,- €
Internetanschluss, GEZ	40,- €
Summe	650,- €

Tabelle 5: Nebenkosten des Beispielhauses 1

Anmerkungen zu den laufenden Kosten des Beispiels 1

Für das beschriebene Doppelhaus wird ein monatlicher Betrag in Höhe von 650,- Euro fällig. Die Energiekosten, die Werbung und der Internetanschluss enthalten Mehrwertsteuer, diese sind in der obigen Aufstellung herausgerechnet worden.
Mit der Hausbetreuung und Gartenpflege ist ein Kleinunternehmer beauftragt, der von der Umsatzsteuerpflicht befreit ist. Die Rechnungsbeträge gehen brutto in die Rechnung ein.

Da der Vermieter dieses Ferienhauses unternehmerisch tätig ist und ein Büro mit PC und allen Kommunikationsmöglichkeiten unterhält, wird die Kalkulation der Immobilie nicht mit weiteren Verwaltungskosten belastet. Die Kosten für sein Büro trägt er bereits ohne den neuen Geschäftszweig. Dieser Business-Plan soll seine Bank überzeugen, somit werden die Kosten nicht höher als nötig ausgewiesen.

4.1.5 Einnahmen

Die Abschätzung des Umsatzes ist eine besondere Herausforderung für eine Ferienimmobilie, die Sie noch nicht einmal gekauft haben. Da die Bank diese Prognose für die Einschätzung des Projektes und Ihrer Kredittauglichkeit benötigt, gehört die Recherche der Mietpreise dazu. Sie werden sehen, dass Sie schnell den Überblick über das von Ihnen gewählte Marktsegment bekommen. Dann macht es Spaß, die Preise festzusetzen und auszurechnen, was Sie mit Ihrer Wunschimmobilie verdienen können. Zur Übung werden die Schritte für die drei Beispiele dieses Buches durchgeführt.

4.1.5.1 Preisgestaltung

Dass es außer Haupt- und Nebensaison weitere Preise gibt, wurde in dem allgemeinen Teil zur Konditionsgestaltung schon behandelt. Für den Business-Plan genügt es in der Regel, mit zwei Preisen zu rechnen. In St. Peter-Ording ist ein Dritter für die Monate Juli und August als Hochsaison üblich und wird berücksichtigt.
Als Vorbereitung für Ihre Recherche arbeiten Sie die Eckdaten Ihrer Immobilie heraus, um vergleichbare Domizile im Internet zu finden.
Die Wohneinheiten des Beispielhauses 1 sind in etwa gleich groß und ähnlich komfortabel eingerichtet. Der Garten wird gemeinsam genutzt. Für beide Haushälften wird die gleiche Miete festgesetzt.

Die Eckdaten für dieses Beispiel lauten:

- 90 Quadratmeter
- eingerichtet für 4 Personen, also familientauglich
- zwei separate Schlafzimmer
- Duschbad mit Tageslicht, Waschmaschine
- separate Küche mit Geschirrspüler
- moderne, mittlere gehobene Ausstattung
- dänischer Kaminofen im geräumigen Wohnzimmer mit Essbereich
- WLAN im Mietpreis enthalten
- Haustiere willkommen
- eingezäunter Garten
- ausreichend Parkplätze
- fünf Kilometer zum Strand
- Infrastruktur vier Kilometer entfernt

Die Preisrecherche ergibt die folgenden Preise:

- Hochsaison: 110,- Euro
- Hauptsaison: 98,- Euro
- Nebensaison: 85,- Euro

Die Zeiträume für die Hauptsaison werden für Juni, September und über Ostern, Weihnachten und Silvester festgesetzt. Für den Jahreswechsel bedeutet das die Abrechnung zum höheren Preis ca. vom 17. Dezember bis 06. Januar. Hochsaison ist lediglich im Juli und August. Das übrige Jahr wird zum Nebensaisonpreis vermietet.

Die Hauptsaison können Sie genauso bereits am 15. September enden lassen – einen großen Unterschied im Umsatz macht das nicht. In diesem Beispiel endet sie erst am 30. September.

4.1.5.2 Abschätzung der Belegungszahlen

Als Basis für die Prognose der Übernachtungszahlen in Beispiel 1 dient der Kalender von 2020 mit dem Osterfest im April.
Um eine realistische Einschätzung zu erhalten, werden die einzelnen Zeiträume betrachtet und nach ihrer Wahrscheinlichkeit der Buchung mit Zahlen belegt:

Das erste Quartal ist an der Küste im Norden die umsatzschwächste Zeit. Wer in dieser Zeit Urlaub macht, fährt lieber zum Ski laufen in die Berge oder fliegt in den Süden. Da das Beispielhaus über Kaminöfen verfügt, kommen trotzdem Gäste und es wird Umsatz generiert. Hundebesitzer reisen gerne mit ihren Tieren in den Urlaub und verzichten auf Flugreisen. Es gibt Karnevalsflüchtlinge und Menschen, die die Küste auch im Winter attraktiv finden.
Es werden 15 Nächte zum Nebensaisonpreis vermietet.

Ostern ist ein Zeitraum, der vermietet ist. Sie steuern selbst, ob Sie einen Mindestzeitraum von einer Woche fordern. Manche bleiben zu dieser Zeit länger. Hier werden 10 Nächte veranschlagt.

Daran schließen knapp zwei Monate Nebensaison an. Es ist realistisch, dass davon die Hälfte vermietet wird. Dieser Zeitraum wird oft kurzfristig angefragt. Da es keine Ferienzeit ist, haben Reisende auch bei später Buchung eine gute Auswahl. Der Vermietungserfolg dieses Zeitraums ist aus genannten Gründen wetterabhängig.
Es werden 40 Nächte in die Abschätzung übernommen.

Und nun kommt die beste Zeit im Norden an der Küste: die Haupt- bzw. Hochsaison. Es ist Ferienzeit, die Familien machen Urlaub und sie buchen lange im Voraus, damit sie sicher sein können, das gewünschte Domizil zu erhalten. Die Monate Juli und August sind komplett ausgebucht, die Monate Juni und September variieren nach Wetter und „Niemand-weiß-es-so-genau“. Aber der September ist ein beliebter Urlaubsmonat in Europa – somit auch in

Deutschland. Es werden also 62 Nächte für Juli und August kalkuliert und 45 für Juni und September, für diesen Fall also in den beiden Monaten mit Hauptsaisonpreis, Dreiviertel der Zeit belegt.
Es werden 62 Nächte Hochsaison und 45 Nächte Hauptsaison kalkuliert.
In der folgenden Nebensaison sieht es gut aus. Im Oktober sind Herbstferien, die Familien sind wieder unterwegs. Der November ist dann der Monat, in dem die Saison zu Ende ist.
Mit 30 Nächten ist das Domizil solide belegt.

Die Zeit über den Jahreswechsel wird immer gebucht, über Weihnachten sind die Menschen gerne zu Hause. Hier ist es möglich, aber nicht selbstverständlich weiteren Umsatz zu generieren.
Zu der Prognose kommen 8 Nächte hinzu.

Die geschätzten Zahlen tragen Sie am besten in eine Tabelle ein, diese macht es für die Präsentation bei der Bank professionell und übersichtlich. Möglicherweise reicht es aus, wenn Sie lediglich so eine Tabelle anlegen. Ich empfehle Ihnen, zusätzlich so wie oben hergeleitet Ihre Begründung der Einschätzung auszuführen.

Zeiten	Saison	Preise	Nächte	Summe
07.01. - 04.04.	Nebensaison	85,- €	15	1.275,- €
05.04. - 19.04.	Hauptsaison Ostern	98,- €	10	980,- €
20.04. - 31.05.	Nebensaison	85,- €	40	3.400,- €
01.06. - 30.06.	Hauptsaison	98,- €	21	2.058,- €
01.07.-31.08.	Hochsaison	110,- €	62	6.820,- €
01.09. - 30.09.	Hauptsaison	98,- €	24	2.352,- €
01.10. - 16.12.	Nebensaison	85,- €	30	2.550,- €
17.12. - 06.01.	Hauptsaison Jahreswechsel	98,- €	8	784,- €
Summe			210	20.219,- €

Tabelle 6: Umsatzprognose Beispiel 1

Die Abschätzung von 210 Nächten ist für ein attraktives Domizil an der Nordsee bei St. Peter-Ording mit einer ansprechenden Ausstattung und bei erfolgreicher Vermarktung ein gut erzielbarer Wert.

Es wird Jahre mit besseren und schlechteren Ergebnissen geben, Schwankungen sind normal. Sie bestimmen bei so einer Abschätzung selbst, ob Sie etwas vorsichtiger oder ein bisschen risikoreicher kalkulieren. Wichtig ist, dass Ihre Einschätzung realistisch ist und Sie gegenüber dem Kreditinstitut glaubwürdig auftreten. Schließlich ist das Ziel der Abschluss eines Kreditvertrages für die Finanzierung des Hauses.

4.1.6 Berechnung

Da es sich bei dem Haus aus diesem Beispiel um ein Doppelhaus handelt, wird der Umsatz aus oben stehender Tabelle mit zwei multipliziert. Die Umsatzabschätzung für diesen Fall ergibt:

20.219,- € x 2 = 40.438,- € Jahresumsatz

Dieser wird um die Umsatzsteuer in Höhe von 7% bereinigt:

40.438,- € / 1,07 = 37.793,- €

Das ergibt eine durchschnittliche monatliche Einnahme in Höhe von:

37.793,- € / 12 Monate = 3.150,- € Monatsumsatz

Von diesem Zwischenergebnis ziehen Sie die Nebenkosten des Hauses aus der Tabelle 5 ab und erhalten den Betrag, der Ihnen monatlich für die Finanzierung der Immobilie zur Verfügung steht:

3.150,- € - 650,- € = 2.500,- €

Unter der Voraussetzung, dass Sie den Erhaltungsaufwand für die Immobilie nicht aus den Mieteinnahmen bestreiten, rechnen Sie für die Finanzierung mit einem monatlichen Betrag in Höhe von 2.500,- €.
Für eine vorsichtigere Kalkulation reduzieren Sie die Position entsprechend.

Die Wirtschaftlichkeit wird im Folgenden für zwei weitere Beispiele mit anderen Besonderheiten und Schwerpunkten berechnet. Daran schließt sich die allgemeine Betrachtung von Finanzierungsmodellen und wichtigen Kriterien, die für Ihre individuelle Situation zu berücksichtigen sind, an. Die Fallstudien werden mit konkreten Finanzierungsplänen abgeschlossen.

4.2 Beispiel 2: Wohnung in einer Ferienanlage

Abb. 3: Region der Ferienwohnung 2 / Quelle: Google maps

In diesem Fall wird eine 120qm große Komfort-Wohnung bei Oberstdorf im Allgäu betrachtet. Es handelt sich um einen Neubau in einer Ferienanlage mit 60 Wohneinheiten, der wie folgt übergeben wird: Bodenbelege und Wanddekoration in Form von geputzten sowie gestrichenen Wänden sind bei Übergabe nach Wünschen des Investors fertiggestellt. Es kann unmittelbar mit der Ausstattung begonnen werden, wenn eine individuelle Note eingebracht werden soll. Alternativ wird auf eine Standardeinrichtung des Bauunternehmers zurückgegriffen.

Da der Bauherr über die Saisonzeiten keine Informationen erhält, recherchiert sie diese im Internet. Die Ergebnisse werden im Kapitel der Einnahmen aufgezeigt.

4.2.1 Das Besondere an diesem Fall

Folgende Kriterien sind bei dieser Immobilie und ihrer Vermietung hervorzuheben:

∝ Komfortable große Wohnung in einem kleinen Ferienpark
Die Immobilie des zweiten Beispiels ist eine 120qm große Neubauwohnung mit Balkon bei Oberstdorf im Allgäu in Bayern, die Teil einer Ferienanlage ist. Es gibt zahlreiche baugleiche Objekte.

∝ Alleinstellungsmerkmal
Das macht es schwieriger ein oder mehrere Alleinstellungsmerkmale herauszuarbeiten:

- Bei der Investition in eine Wohnung oder ein Haus in einem Feriendorf, in dem es zahlreiche identische oder ähnliche Objekte gibt, kommt es auf die Mikrolage der Wohneinheit an. Gibt es eine bevorzugte Lage wie z.B. ein unverbauter Blick in ein Tal mit Flusslauf und den Bergen im Hintergrund?
- Es ist empfehlenswert, auf eine individuelle Einrichtung und Ausstattung zu setzen. Wählen Sie ein Motto, eine ausgefallene Farbgestaltung oder eine umfangreiche, komfortable oder sogar luxuriöse Ausstattung.
- Eine wichtige Frage ist hierbei, ob die Immobilie individuell oder zentral mit den anderen Objekten vermarktet wird. Dies wird im folgenden Punkt näher erläutert.

∝ Vermarktung über die zentrale Verwaltung der Ferienanlage
Das Domizil wird über die zentrale Verwaltung des Feriendorfes vermarktet, einer gemeinsamen Website in Zusammenarbeit mit der Tourismuszentrale der Region. Die Gäste wählen die Wohnung entweder konkret über eine Online-Broschüre mit Bildern und Ausstattungsdetails der jeweiligen Wohnung bzw. einen Lageplan auf der gemeinsamen Webpräsenz oder über eine allgemeine Anfrage aus. Bei letzterer bekommen Sie von der Person in der Verwaltung eine Wohnung zugewiesen, die noch frei ist.

- Einordnung als Gewerbe

In Deutschland ist die Abgrenzung einer Ferienimmobilie zwischen privater Vermögensverwaltung und Gewerbe hauptsächlich durch die Rechtsprechung entstanden. Für die Einordnung als Unternehmen spricht hierbei, wenn es sich um eine hotelähnliche Führung handelt, d.h. wenn die Wohnung jederzeit für kurzfristiges Einchecken der Gäste zur Verfügung steht und zusätzliche Leistungen wie Frühstücksservice etc. angeboten werden. Gleiches gilt für eine an wechselnde Gäste vermietete Eigentumswohnung in einem Verbund mit anderen Wohnungen in einem Feriengebiet. Eine gemeinsame Verwaltung und Vermarktung durch eine Feriendienstorganisation ist ein zusätzliches Indiz.
Folgende Urteile dienen als Basis dieser Rechtsprechung: Finanzgericht Baden-Württemberg vom 28.09.1998 (Az: 14 K 28/97, EFG 1999 Seite 165) und Bundesverwaltungsgericht in einem Urteil vom 26.1.1993 (DÖV 1993, 616)
Einen großen Unterschied macht dies vorerst nicht. Die Gewerbeanmeldung ist mit ca. 20 Euro preiswert, Einkommensteuer wird für Gewinne aus der Vermietung in beiden Fällen abgeführt. Die Gewerbesteuer wird erst ab 24.500 Euro Überschuss fällig.
Weitere Verpflichtungen sind mit der Gewerbeanmeldung nicht verbunden. Ausführlicher wird die Problematik in Band 1 dieser Reihe behandelt.

- Umsatzsteuerpflicht

Das Objekt unterliegt der Mehrwertsteuerpflicht.

4.2.2 Spezifikationen

Auch für diese Ferienwohnung werden die Eckdaten und besonderen Merkmale erfasst, um vergleichbare Objekte für die Preisrecherche zu finden.

∝ Region
Die Wohnung liegt am Rande von Oberstdorf, einem der Top-Standorte im Allgäu, das sowohl im Sommer als auch im Winter gerne besucht wird. In der warmen Jahreszeit bieten Seen und Berge eine abwechslungsreiche Kulisse und viele Möglichkeiten zur Freizeitgestaltung. Da es ein beliebtes Skigebiet darstellt, kommen im Winter zahlreiche Gäste. Das Preisniveau ist gehoben.

∝ Lage
Da die Ferienwohnung am Rande von Oberstdorf liegt, gibt es eine komplette Infrastruktur für Grundversorgung und Vergnügen in unmittelbarer Nähe. Die Ferienanlage bietet Restaurants, ein kleines Kino und mehrere Läden.

∝ Größe der Wohneinheit/Anzahl der Personen:
Es handelt sich um eine geräumige Wohnung mit 120qm, die für sechs Personen ausgestattet ist. Es gibt drei Schlafzimmer, ein Voll- und ein Duschbad, dazu einen großzügig gestalteten Wohn-Essraum mit einer offenen Küche.

∝ Ausstattung und Komfort
Die Wohnung ist mit gehobener Qualität niveauvoll, aber nicht luxuriös eingerichtet. Komfort bieten Geschirrspüler, Waschmaschine und ansprechende TV-Ausstattung. Das Vollbad bietet eine Badewanne mit Whirlpool und Panoramablick in die Berge - dazu eine eigene Sauna.

∝ Beschaffenheit
Es handelt sich um einen Neubau einer hohen Energieeffizienzklasse mit Fußbodenheizung, die die Vermietung im Winter attraktiv macht.

∝ Außenbereich

Zu der Wohnung gehört ein großzügiger Balkon, der zur Hälfte überdacht ist. Er ist mit gehobenen Außenmobiliar eingerichtet. Zusätzlich gibt es einen Gemeinschaftsgarten mit einer Fläche zum Grillen, Poolbereich und Spielplatz. Es sind Nischen und abgetrennte Areale angelegt, die Familien und Urlaubern Entspannung bieten. Parkraum steht zentral zur Verfügung.

∝ Service

Die Rezeption ist rund um die Uhr besetzt. Dort werden die Gäste empfangen und mit Informationen über Ausflugsziele und Einkaufsmöglichkeiten versorgt.
Die Wohnung wird gereinigt übergeben. Die Kosten werden separat berechnet. Zwischenreinigungen und Frühstück bzw. Halbpension bieten gegen Aufpreis zusätzlichen Komfort.

∝ Zielgruppen

- Familien mit bis zu vier Kindern,
  Animation für die Kleinen wird ebenfalls angeboten
- Befreundete Familien
- Paare mit einem höheren Anspruch
- Kleine Gruppen
- Wanderer und Skiläufer

∝ Zusätzliche Aspekte

- Haustiere sind nicht gestattet
- Rauchen ist nicht erlaubt

∝ Besonderheiten

Die Wohnung ist Teil einer neu geschaffenen Ferienanlage. Somit liegen für die Vermietung an Feriengäste alle Genehmigungen vor. In diesem Fall ist es sogar so, dass die Wohnung ausschließlich als Ferienimmobilie genutzt werden darf. Festes Wohnen ist nicht gestattet. Eine Nutzung als Altersruhesitz ist damit nicht möglich und ist bei den Überlegungen vor dem Kauf zu berücksichtigen.

4.2.3 Einmalige Kosten

In der nachstehenden Tabelle sind die Kosten der Kalkulation für den Kauf der Wohnung und deren Einrichtung zusammengestellt. Die Positionen Sanierung und Renovierung entfallen, weil alles neu ist. Decken, Wände und Böden werden nach Wünschen des Käufers fertiggestellt. Die Kosten sind im Kaufpreis der Immobilie kalkuliert. Die Vermarktungsaktivitäten sind zentral organisiert. Es entstehen keine Startkosten, es wird monatlich prozentual zum Umsatz abgerechnet.

Position	Betrag
Kaufpreis der Wohnung Incl. Einbauküche	550.000,- € (25.000,- €)
Nebenkosten Makler Notar 1,5% Grunderwerbsteuer 3,5% (Bayern)	 entfällt 8.250,- € 18.375,- €
Umlaufvermögen also Einrichtung der Wohnung: Möbel, Elektrogeräte und Geschirr etc.	20.000,- €
Reserve (für Einrichtung)	5.000,- €
Summe	601.625,- €

Tabelle 7: Kapitalbedarf Beispiel 2

4.2.4 Monatliche Kosten

Für dieses Beispiel sind die monatlichen Kosten in der nachstehenden Tabelle zusammengetragen.

Monatliche Kosten	Betrag
Heizkosten, hier zentral	100,- €
Strom	80,- €
Wasser	50,- €
Grundsteuer, Müll	50,- €
Versicherungen	50,- €
Vermarktung	18% vom Umsatz
Garten- und Poolpflege	120,- €
Pauschale für Hausbetreuung	s. Vermarktung
Zweitwohnungssteuer	0,- €
Internetanschluss, GEZ (Umlage)	10,- €
Summe	460,- €

Tabelle 8: Nebenkosten der Ferienwohnung in der Ferienanlage

Anmerkungen zu den laufenden Kosten des Beispiels 2

Da es sich um einen energieoptimierten Neubau handelt, sind die Heizkosten niedrig anzusetzen.
Das Domizil wird zentral beworben und vermarktet – wie bei einer Agentur werden dafür 18% vom Umsatz zzgl. Mehrwertsteuer berechnet. Da der Vermieter umsatzsteuerpflichtig ist, wird der Steueranteil als Vorsteuer in der Umsatzsteuervoranmeldung geltend gemacht und somit vom Finanzamt zurückgeholt.

In der Tabelle bleibt diese Position ohne Wert, weil der Umsatz schwankt. Er wird im Folgenden berechnet und in einer Summe für das gesamte Jahr herausgerechnet. Was beim Abschluss eines Agenturvertrages wichtig ist, lesen Sie im Band 6 dieser Reihe oder im Ratgeber *„Erfolgreiche Vermarktung Ihrer Ferienimmobilie“*.
Die Position Pauschale für Hausbetreuung entfällt, da sie in den Leistungen der zentralen Verwaltung enthalten ist.

Wenn Sie eine Agentur beauftragen und unterschreiben, dass Sie das Objekt nicht für eigene private Zwecke nutzen, werden Sie von der Zweitwohnungssteuer befreit. Dies findet hier Anwendung.

4.2.5 Einnahmen

Auch für dieses Beispiel geht es im nächsten Schritt an die Festsetzung der Preise, im Anschluss werden die Belegungszahlen geschätzt.

4.2.5.1 Preisgestaltung

Als Vorbereitung für Ihre Preisrecherche arbeiten Sie die Eckdaten für die Wohnung heraus. Sie lauten für dieses Beispiel:

- 120 Quadratmeter
- eingerichtet für 6 Personen, also tauglich für Patchwork-Familien
- drei separate Schlafzimmer
- Wannenbad mit Whirlpool und Duschbad jeweils mit Tageslicht, außerdem eigene Sauna mit Blick auf das Bergpanorama
- Waschmaschine
- offene Küche mit Geschirrspüler im integrierten Wohn- und Essbereich
- moderne, gehobene Ausstattung
- geräumiger Balkon, halb überdacht
- Ortsrandlage Oberstdorf, erste Linie mit Blick auf das Bergpanorama
- WLAN im Mietpreis enthalten
- Zentraler Parkplatz
- Infrastruktur direkt vor Ort
- Haustiere nicht gestattet

Bei meiner Recherche für die Saisonzeiten in Oberstdorf und Umgebung habe ich uneinheitliche Angaben gefunden. Wenn Sie in dieser Region in eine Ferienwohnung oder ein Haus investieren, lassen Sie sich gerne von dem ortsansässigen Tourismusverband beraten. Die hier genutzten Zahlen sind exemplarisch zu verstehen.

Die Preisrecherche ergibt vier Saisonpreise:

- Nebensaison: 205,-
  März, April und November bis Mitte Dezember
- Mittelsaison: 250,- €
  Januar, Februar, Ostern, Mai und September
- Hauptsaison: 275,- €
  Juni, Juli, August und Oktober
- Hochsaison: 315,- €
  Weihnachten und Silvester bis ca. 07.01.

Für Domizile, die für sechs Personen ausgestattet sind, werden manchmal Grundpreise für zwei bzw. vier Reisende angegeben und dann Aufschläge für eine zusätzliche Belegung verlangt. Für die vorliegende Berechnung ist diese Vorgehensweise zu unübersichtlich. Wenn Ihnen die Idee für Ihre Ferienimmobilie gefällt, ist es eine praktikable Alternative.

4.2.5.2 Abschätzung der Belegungszahlen

Als Basis für die Prognose der Übernachtungszahlen in Beispiel 2 dient der Kalender von 2020 mit dem Osterfest Mitte April.

Da im Allgäu nicht nur Sommerurlauber, sondern auch Skifahrer und Winterurlauber kommen, existiert eine zusätzliche Hauptsaison. Auf der Basis der vier festgelegten Saisonpreise, die im Falle einer Ferienanlage in Zusammenarbeit mit der zuständigen Vermietungsagentur erarbeitet werden, wird wieder eine Tabelle mit geschätzten Belegungen in den einzelnen Saisonzeiten ausgefüllt:

Zeiten	Saison	Preise	Nächte	Summe
07.01.– 28.02.	Mittelsaison	250,- €	40	10.000,- €
01.03. – 05.04.	Nebensaison	205,- €	15	3.075,- €
06.04. – 22.04.	Mittelsaison Ostern	250,- €	10	2.500,- €
23.04. – 30.04.	Nebensaison	205,- €	2	410,- €
01.05. - 31.05.	Mittelsaison	250,- €	20	5.000,- €
01.06. – 31.08.	Hauptsaison	275,- €	80	22.000,- €
01.09. – 30.09.	Mittelsaison	250,- €	20	5.000,- €
01.10. - 31.10.	Hauptsaison	275,- €	15	4.125,- €
01.11. – 20.12.	Nebensaison	205,- €	15	3.075,- €
21.12. – 31.12.	Hochsaison Jahreswechsel	315,- €	8	2.205,- €
Summe			225	57.390,- €

Tabelle 9: Umsatzprognose Beispiel 2

Die Abschätzung von 225 Nächten ist für ein attraktives Domizil in Randlage zu Oberstdorf ein guter Wert. Sie haben erfahren, dass es Schwankungen gibt. Je nach Ihrer Risikobereitschaft und Ihrem finanziellen Background passen Sie die Prognose für Ihren Business-Plan an.

4.2.6 Berechnung

Die Umsatzabschätzung für diesen Fall ergibt:

57.390,- € Brutto-Jahresumsatz

Dieser wird um die Umsatzsteuer in Höhe von 7% bereinigt:

57.390,- € / 1,07 = 53.636,- €

Im nächsten Schritt ziehen Sie 18% für die Agentur ab:

0,18 x 53.636.,- € = 9.654,- €

53.636,- € - 9.654,- € = 43.982,- €

Der Betrag erscheint Ihnen vielleicht hoch, doch wenn die Agentur ein Rundum-Sorglos-Paket mit Pflege der Werbeplattform, Abwicklung der Buchungen, Betreuung der Gäste, Schlüsselübergabe, Organisation der Reinigung, Wäschepflege und kleine Hausmeisterdienste bietet, ist er angemessen.

Da die Agenturleistung mit 19% Mehrwertsteuer in Abzug gebracht wird und der Vermietungsumsatz lediglich 7% enthält, entsteht für den Vermieter ein Überschuss, der an dieser Stelle vernachlässigt und als kleine Reserve betrachtet wird.
Das ergibt eine durchschnittliche monatliche Einnahme in Höhe von:

43.982,- € / 12 Monate = 3.665,- €

Von diesem Zwischenergebnis, ziehen Sie die Nebenkosten der Ferienwohnung aus der Tabelle 8 ab und erhalten den Betrag, den der Bauherr monatlich für die Finanzierung der Immobilie kalkulieren kann:

3.665,- € - 460,- € = 3.205,- €

Unter der Voraussetzung, dass er den Erhaltungsaufwand für die Immobilie nicht aus den Mieteinnahmen bestreitet, hat er für die Finanzierung einen monatlichen Betrag in Höhe von 3.205,- € zur Verfügung.
Im Falle einer vorsichtigeren Kalkulation der Belegung oder wenn er eine Reserve für außerordentliche Kosten einplanen will, reduziert er das Budget entsprechend.

4.3 Beispiel 3: Umwandlung einer Stadtwohnung

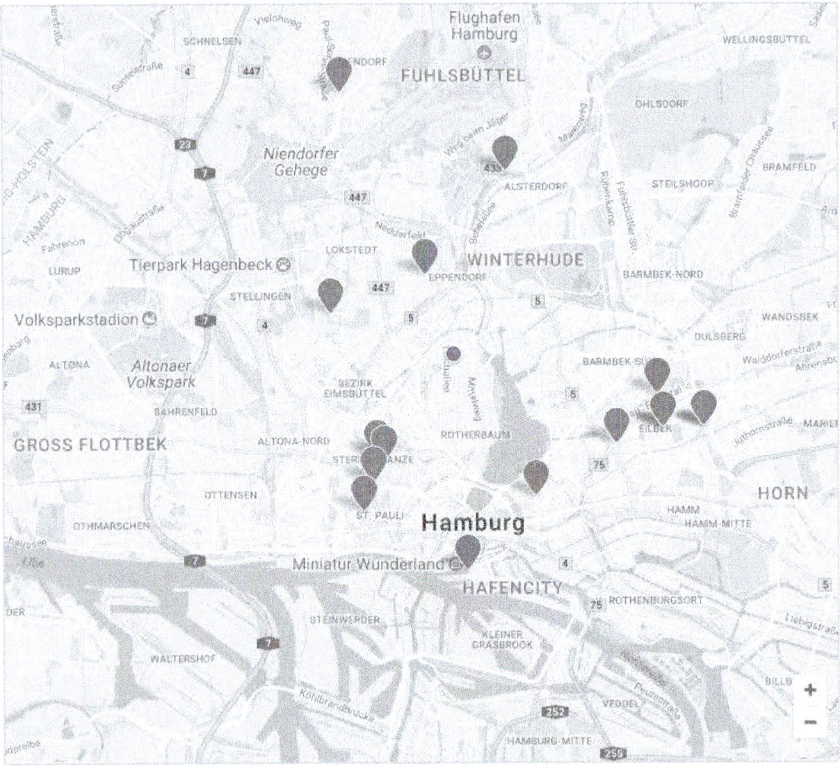

Abb. 4: Region der Ferienwohnung 3 | Quelle: Google maps

Dieser Fall behandelt nicht den Kauf einer Immobilie, sondern die Umwandlung einer vorhandenen Einliegerwohnung in ein modernes Feriendomizil. Es wird ein Standort in der Stadt betrachtet. Das kann eine Messestadt wie Hannover sein, in diesem Fall ist es Hamburg, das nicht erst seit der Eröffnung der Elbphilharmonie jedes Jahr zahlreiche Touristen empfängt. Auch Geschäftsreisende wählen als Unterbringung immer häufiger Ferienwohnungen anstelle von Hotels.

Die vorhandene 50qm große Wohnung wird komplett modernisiert. Sie wurde bisher fest bewohnt. Eine Nutzungsänderung für die Vermietung an wechselnde Gäste liegt nicht vor und wird beim zuständigen Bauamt beantragt.

Exkurs

Die Behandlung von Ferienimmobilien in der Städte- und Bauplanung ist in Deutschland nicht einheitlich geregelt. Je nach Standort gibt es unterschiedliche Genehmigungspflichten und Rechtsfolgen. Hintergrund ist, dass die „Zweckentfremdung von Wohnraum"' von den Gemeinden per Verordnung unterbunden werden kann. Grundsätzlich schaffen die Landesregierungen auf Basis des vom Bund erlassenen MietRVerbG (Gesetz zur Verbesserung des Mietrechts und zur Begrenzung des Mietanstiegs sowie zur Regelung von Ingenieur- und Architektenleistungen) einen rechtlichen Rahmen, sodass der vorhandene Wohnraum von der Bevölkerung der jeweiligen Städte bzw. Regionen genutzt wird.

Unter anderem haben die Städte Berlin und München entsprechende Verordnungen erlassen. In Hamburg leisten Vermieter einer Ferienimmobilie neben einer Genehmigung zur Nutzungsänderung zusätzlich eine Ausgleichszahlung. Das heißt konkret: „Soweit bei beabsichtigter Nutzungsänderung die Auflage, Ersatzwohnraum zu schaffen, ausscheidet, ist eine laufende Ausgleichszahlung in Höhe von monatlich 4,50 € je m² (vgl. OVG Hamburg, Urteil v. 25.05.2007 – 1 BF 383/05) zweckfremd genutzter Wohnfläche für die Dauer der zweckfremden Nutzung festzusetzen."

Quelle:
www.hamburg.de/contentblob/4325148/3a7b4e1aaed5d52af4aacc248a12393d/data/d-fachanweisung-wohnraumschutz.pdf

Da die Metropole rund um das Jahr zahlreiche Veranstaltungen für Städtereisende bietet und das Quartier durch eine verkehrsgünstige Lage gern von Geschäftsreisenden und Monteuren gebucht wird, gibt es in diesem Fall keine ausgesprochenen Saisonzeiten. Es wird für das ganze Jahr ein einheitlicher Preis angesetzt.

Als Vermietungsstart ist der 1. September 2020 festgelegt. Für die Umbau- und Modernisierungsarbeiten wurde ausreichend Zeit eingeplant. Ob die ersten Gäste zu diesem Zeitpunkt anreisen, ist abhängig von Genehmigungsverfahren der Nutzungsänderung.
Nach meiner Erfahrung planen Sie dafür drei bis fünfzehn Monate ein. Da der Markt der Ferienimmobilien boomt, besteht die Möglichkeit, dass es länger dauert.

4.3.1 Das Besondere an diesem Fall

Die Einliegerwohnung ist bezahlt, es fallen keine Kosten für die Finanzierung der Immobilie an. Lediglich die Sanierungs- und Einrichtungskosten werden budgetiert und durch ein Darlehen realisiert.
Die Modernisierung umfasst das Bad, Türen sowie Bodenbeläge und die Küche. Außerdem wird die Wohnung komplett renoviert und neu eingerichtet.
Die Nutzungsänderung wird in Zusammenarbeit mit einem Architekten beantragt. Das kostet Geld, aber bei kompetenter Auswahl des Büros wird der Antrag formal korrekt sein. Der Stempel des Profis macht bei der Behörde Eindruck und kann das Verfahren beschleunigen.

Folgende Kriterien sind bei dieser Immobilie und Ihrer Vermietung hervorzuheben:

∝ Individualimmobilie

Die Immobilie des dritten Beispiels ist ebenfalls eine Individualimmobilie. Sie liegt in einer ruhigen, aber zentral gelegenen Wohngegend im Stadtgebiet von Hamburg. In der Nachbarschaft existieren keine weiteren Ferienwohnungen.

∝ Alleinstellungsmerkmal

Das macht es einfacher, ein oder mehrere Alleinstellungsmerkmale herauszuarbeiten:

- modernes und hochwertiges Domizil
- gute Anbindung an den öffentlichen Nahverkehr
- Parkmöglichkeit auf dem Grundstück
- Angebot von Serviceleistungen gegen Aufpreis

∝ Vermarktung in Eigenregie

Der Eigentümer vermietet das Domizil selbst, individuell und voller Begeisterung. Das erhöht die Rendite, da keine Agentur bezahlt wird. Im Gegenzuge steigert es den Arbeitsaufwand.

∝ Umsatzsteuerpflicht

Die folgende Umsatzabschätzung wird einen Wert von 18.700 Euro ergeben. Dieser liegt nach der Erhöhung der Grenze für den Kleinunternehmer auf 22.000 Euro unter dem Freibetrag. Der Vermieter kann er sich als Kleinunternehmer von der Umsatzsteuerpflicht befreien lassen.

Da er aber umfangreiche Investitionen plant, die steuerlich herangezogen werden, ist es für ihn vorteilhafter, 7% Umsatzsteuer auf seine Mietpreise an das Finanzamt abzuführen. Im Gegenzuge zieht er sich bei einem Großteil der Investitionen 19% Vorsteuer. Er rechnet also seine Umsatzschätzung etwas höher und optiert zur Umsatzsteuerpflicht.

Bei der Kleinunternehmerregelung gehen jeweils die Bruttobeträge in die Positionen der Einnahmen und Ausgaben des Feriendomizils ein und werden erst mit der Einkommensteuererklärung berücksichtigt. Ausführlich wird das Sachgebiet in Band 7 dieser Reihe behandelt.

∝ Anmeldung als Gewerbe
Die Wohnung wird als private Vermögensverwaltung eingestuft. Eine Gewerbeanmeldung ist nicht notwendig. Überschüsse werden über die Anlage V der Einkommensteuererklärung angezeigt und versteuert.

4.3.2 Spezifikationen

Als Basis für die Festlegung des Mietpreises wird die Wohnung genau beschrieben.

∝ Region
Die Wohnung liegt im Stadtgebiet der Großstadt Hamburg in ruhiger, aber zentraler Lage.

∝ Lage
Die Anbindung an die öffentlichen Verkehrsmittel ist optimal, d.h. es befindet sich eine U-Bahn-Station in 500m Entfernung. Dadurch sind zahlreiche Stadtteile und Attraktionen von Hamburg in kurzer Zeit erreichbar. Einkaufsmöglichkeiten und ärztliche Versorgung existieren in unmittelbarer Nähe.

∝ Größe der Wohneinheiten/Anzahl der Personen
Es handelt sich um eine Wohnung mit 50qm. Sie ist für zwei Personen ausgestattet. Da kein Kostendruck auf der Immobilie lastet und der Vermieter im gleichen Haus wohnt, hat er sich für die entspannte Variante mit nur zwei Gästen entschieden. Es gibt ein Schlafzimmer und ein Duschbad, eine Küche mit Sitzmöglichkeit und ein geräumiges Wohnzimmer.

∝ Ausstattung und Komfort

Die Wohnung wird komplett neu und modern möbliert. Es wird gehobene Qualität der Einrichtung geboten, jedoch kein Luxus. Komfort bieten Geschirrspüler, Waschmaschine und ansprechende TV-Ausstattung. Badewanne, Sauna und Whirlpool werden nicht geboten.

∝ Beschaffenheit

Es handelt sich um eine Einliegerwohnung in einem Haus mit Baujahr 1980. Die Wohnung wird komplett modernisiert. Sie verfügt über eine Ölheizung.

∝ Außenbereich

Es gehört ein Balkon zu der Wohnung, der Garten des Eigentümers wird mitbenutzt. Gartenmöbel und ein Grill stehen zur Verfügung – außerdem zwei Parkplätze.

∝ Service

Der Hauseigentümer wohnt ebenfalls im Haus und empfängt die Gäste selbst und versorgt sie auf Wunsch mit Informationen über Ausflugsziele und Einkaufsmöglichkeiten. Gegen Aufpreis gibt es folgende Leistungen:

- Frühstück oder Brötchenservice
- Einkaufsservice
- Leih-Fahrräder (ebikes)
- Hol- und Bring-Service zum Flughafen oder Bahnhof

Die Wohnung wird gereinigt übergeben. Die Kosten werden separat berechnet.

∝ Zielgruppen

- Paare auf Städtetour/Urlaub
- Geschäftsreisende
- Monteure

4.3.3 Einmalige Kosten

In der nachstehenden Tabelle sind die Kosten der Kalkulation für die Modernisierung der Wohnung und deren Einrichtung zusammengestellt. Auch der Start Ihrer Vermarktungsaktivitäten wird hier budgetiert. Im Anschluss an diese Aufstellung finden Sie Ausführungen zu den einzelnen Positionen.

Position	Betrag
Sanierungs- und Renovierungskosten incl. neue Küche und neues Bad	35.000,- €
Bauantrag Nutzungsänderung	5.000,- €
Umlaufvermögen also Einrichtung des Hauses: Möbel, Elektrogeräte und Geschirr etc.	10.000,- €
Einrichtung kleines Büro (Möbel und PC)	2.000,- €
Vermarktung starten: Fotos und Texte, Portaleinträge, eigene Website, Flyer, Postkarten	4.050,- €
Reserve	3.000,- €
Summe	59.050,- €

Tabelle 10: Kapitalbedarf Beispiel 3

Die Sanierungsarbeiten werden durch Fachfirmen durchgeführt, gleiches gilt für die Renovierungen.
Mit dem Bauantrag für die Nutzungsänderung beauftragt der Hauseigentümer ein Architekturbüro, die Einrichtung der Wohnung übernimmt er selbst.
Er lässt sich das Marketing von einer Expertin einrichten und sich selbst coachen, damit er die Vermietung und Verwaltung im Anschluss selbst übernehmen kann.

4.3.4 Monatliche Kosten

Dieses Kapitel befasst sich mit den laufenden Kosten. Alle regelmäßig anfallenden fixen Positionen werden auch für dieses Beispiel auf monatliche Beträge umgerechnet, damit die Aufstellung übersichtlich bleibt.

Zusatzinformation zu der Berechnung in diesem Beispiel:

Es handelt sich um eine Wohnung in einem Bau der 1980er Jahre. Die Isolierung ist modern und effizient, somit sind die Heizkosten für die 50qm moderat.
Die Grundsteuer ist in Ballungsgebieten höher als in ländlichen Regionen. Eine Neuregelung wird derzeit diskutiert. Die Zweitwohnungssteuer entfällt, weil der Eigentümer im gleichen Haus wohnt.
Es muss eine Ausgleichszahlung wegen der Zweckentfremdung des Wohnraumes gezahlt werden. Sie berechnet sich wie folgt:

50qm x 4,50 € pro m^2 und Monat = 225,- Euro

Die laufenden Kosten werden in einer Tabelle zusammengefasst:

Monatliche Kosten	Betrag
Heizkosten, hier Öl	60,- €
Strom	40,- €
Wasser	40,- €
Grundsteuer, Müll	30,- €
Versicherungen	30,- €
Werbung	50,- €
Gartenpflege	lediglich Mitbenutzung 20,- €
Pauschale für Hausbetreuung	durch Eigentümer
Zweitwohnungssteuer	entfällt
Internetanschluss, GEZ	anteilig 20,- €
Laufende Bürokosten für Verwaltung	50,- €
Ausgleichszahlung	225,- €
Summe	565,- €

Tabelle 11: Laufende Kosten für die Wohnung aus Beispiel 3

4.3.5 Einnahmen

Auch für das dritte Beispiel werden als Grundlage für die Einnahmeseite die Preise recherchiert und Belegdaten abgeschätzt.

4.3.5.1 Preisgestaltung

Da es sich um eine Stadtwohnung handelt, die nicht den Saisonzeiten wie ein Domizil am Meer oder in den Bergen unterliegt, wird hier mit einem Einheitspreis gerechnet.

Als Vorbereitung für die Preisrecherche werden die Eckdaten der Wohnung zusammengefasst, damit der Vergleich mit anderen Domizilen leichter fällt:

- 50 Quadratmeter
- eingerichtet für 2 Personen
- ein Schlafzimmer
- Duschbad mit Tageslicht, Waschmaschine
- Küche mit Geschirrspüler und Essbereich
- moderne, gehobene Ausstattung
- WLAN im Mietpreis enthalten
- Balkon und Gartenmitbenutzung
- zwei Parkplätze
- Infrastruktur incl. U-Bahn-Anschluss in unmittelbarer Nähe
- Haustiere nicht erlaubt

Die Preisrecherche ergibt einen Preis in Höhe von 85,- Euro pro Nacht.

4.3.5.2 Abschätzung der Belegungszahlen

Um realistische Übernachtungszahlen für sein Domizil abzuschätzen und damit eine optimale Wirtschaftlichkeitsberechnung aufzustellen, unternimmt der Eigentümer in diesem Fall eine etwas andere Recherche: Er schaut sich die Entwicklung des Fremdenverkehrs der Stadt an. Auf der Internetseite des Hamburg-Tourismus findet er eine Übersicht der Gesamtübernachtungszahlen:

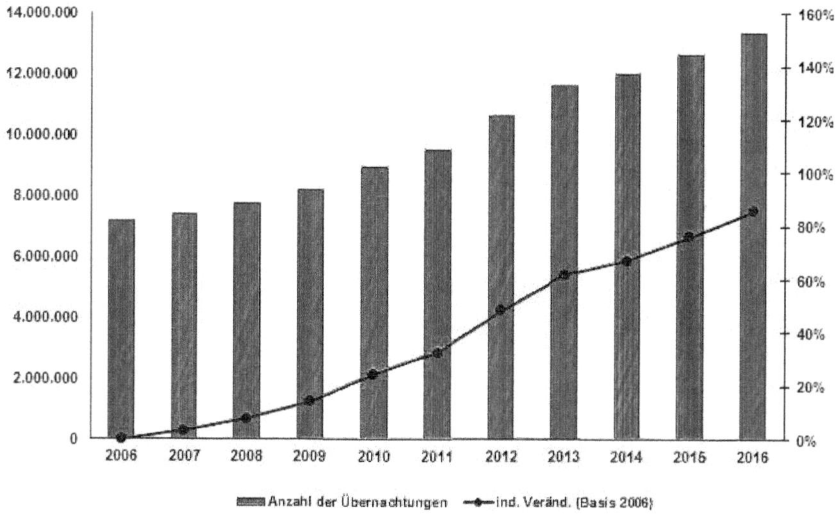

Abb. 5: Entwicklung der Beherbergung in Hamburg
Quelle: http://www.hamburg-tourism.de/business-medien/marktforschung/tourismusstatistiken/

Der Wohnungseigentümer möchte es genauer wissen und recherchiert weiter. Er findet auf der gleichen Internetpräsenz eine Übersicht zur Bettenauslastung.

Diese liegt durchschnittlich bei 60,2%:

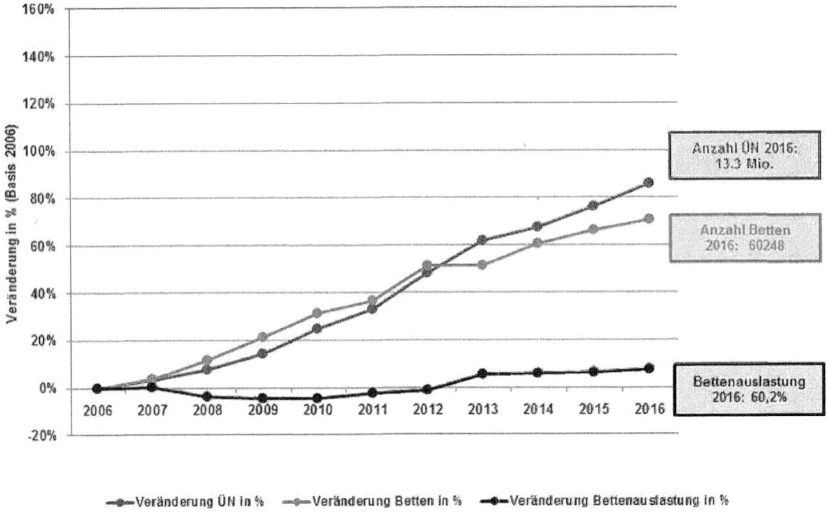

Abb. 6: Veränderung der Gast-Bettenauslastung in Hamburg
Quelle: http://www.hamburg-tourism.de/business-medien/marktforschung/tourismusstatistiken/

Für 2018 ergab sich schließlich eine durchschnittliche Bettenauslastung von 58,8%, was eine Fortführung der Belegung bedeutet. Komplette Zahlen für 2019 sind noch nicht veröffentlicht.
Da seine Wohnung modern und neu ausgestattet ist, sie außerdem zentral gelegen und mühelos erreichbar ist, vermutet der zukünftige Vermieter, dass er diesen Wert mindestens realisieren wird. Er rechnet:

365 Nächte x 60,2% ~ 220 Übernachtungen

Zeiten	Saison	Preis	Nächte	Summe
01.01.– 31.12.	Einheitspreis	85,- €	220	18.700,- €
Summe				18.700,- €

Tabelle 12: Umsatzprognose Beispiel 3

Die Abschätzung von 220 Nächten ist für ein attraktives Domizil in der Großstadt realistisch.
Wieder gilt: Der Umsatz schwankt in Abhängigkeit von verschiedenen Einflüssen. Entscheiden Sie nach Ihrer Risikobereitschaft und Ihren finanziellen Reserven den Wert Ihrer Kalkulation.

4.3.6 Berechnung

Da es sich bei dem Domizil aus diesem Beispiel um *eine* Wohnung handelt, ist der Umsatz aus oben stehender Tabelle bereits die Umsatzabschätzung, die für die weitere Berechnung benötigt wird:

18.700,- € Brutto-Jahresumsatz

Dieser wird um die Umsatzsteuer in Höhe von 7% bereinigt:

18.700,- € / 1,07 = 17.477,- €

Das ergibt eine durchschnittliche monatliche Einnahme in Höhe von:

17.477,- € / 12 Monate = 1.456,- €

Von diesem Zwischenergebnis, ziehen Sie die laufenden Kosten aus der Tabelle 11 ab und erhalten den Betrag, den Sie monatlich für die Finanzierung der Modernisierung und Nutzungsänderung der Wohnung kalkulieren:

1.456,- € - 565,- € = 891,- €

Unter der Voraussetzung, dass Sie den Erhaltungsaufwand für die Wohnung nicht aus den Mieteinnahmen bestreiten, haben Sie in diesem Fall für die Finanzierung der Modernisierung einen monatlichen Betrag in Höhe von 891,- € zur Verfügung.

Kompakte Zusammenfassung

Praktische Anwendung in drei Beispielen	Beispiel 1: Doppelhaus an der Nordsee - Individual-Immobilie unter Reet an der Küste - zwei Wohneinheiten - Haustiere willkommen - Vermarktung in Eigenregie - Umsatzsteuerpflicht - drei Saisonpreise in typischer Saison - für zweimal vier Personen
	Beispiel 2: Neubau-Wohnung in den Bergen - Ferienpark im Allgäu, Top-Mikrolage - kein festes Wohnen möglich - Gewerbeanmeldung - zentrale Vermarktung über Agentur - Rezeption, Frühstück, Pool - Keine Maklercourtage - vier Saisonpreise - für sechs Personen
	Beispiel 3: Stadtwohnung in Hamburg - Umwandlung, Modernisierung einer Bestandsimmobilie - Nutzungsänderung/Ausgleichszahlung - Einheitspreis – eine Saison - Individual-Immobilie - Vermarktung in Eigenregie - Freiwillige Umsatzsteuer - Besonderer Service - für zwei Personen

5 Finanzierung

Die Zinsen sind momentan niedrig, insofern ist der Zeitpunkt für die Investition in eine Immobilie günstig. Finanzierungen ohne oder mit geringem Eigenkapitalanteil sind möglich.
In diesem Kapitel werden Ihnen mehrere Finanzierungsmodelle mit ihren Vor- und Nachteilen vorgestellt. Die Art der Finanzierung beeinflusst außerdem die Höhe der Steuerersparnis.

5.1 Finanzierungsmodelle

Für eine Immobilie, die als vermietetes Ferienhaus finanziert werden soll, werden die folgenden Formen der Finanzierung analysiert:

- Annuitätendarlehen
- KfW-Darlehen
- Kredite mit variablen Zinsen
- Versicherungsdarlehen mit Lebensversicherung
- Vorfinanzierungsdarlehen der Bausparkassen
- Sonderfall: Forward-Darlehen für die Anschlussfinanzierung

Im Detail:

5.1.1 Annuitätendarlehen

Ein Annuitätendarlehen ist ein Darlehen mit konstanten Rückzahlungsbeträgen. Diese Raten - auch Annuitäten genannt - setzen sich aus dem Zins- und Tilgungsteil zusammen. Über eine zu wählende Laufzeit wird ein fester Zinssatz vereinbart. Üblich sind in Deutschland fünf, zehn oder fünfzehn Jahre Zinsbindung. Danach wird neu verhandelt. Es empfiehlt sich, die Festschreibung in Zeiten von niedrigen Zinsen bei Vertragsabschluss lang zu wählen. Sie ‚bezahlen' diese Sicherheit mit einem kleinen Zinsaufschlag.

Die Wahrscheinlichkeit ist derzeit groß, dass Ihre Zinsbindung in einer Phase höherer Zinsen ausläuft. Bei Neuabschluss wird dann eine beträchtlichere Annuität gezahlt werden. Je später nach dem Kauf der Immobilie dies auf Sie zukommt, desto größer ist der bereits getilgte Betrag und kleiner ist die restliche Kreditsumme, über die neu verhandelt wird.
Empfehlenswert ist bei den derzeitig niedrigen Zinsen eine Tilgung von mindestens vier besser sechs Prozent der Kreditsumme. Eine Faustformel besagt, Zins und Tilgung sollten zusammen idealerweise mindestens sechs bis acht von Hundert ergeben.
Je höher Sie die prozentuale Tilgung ansetzen, desto größer ist die Annuität. Dafür verkürzen Sie die Gesamtlaufzeit der Rückzahlung – und damit das Volumen von Zins und Zinseszins.
Simulieren Sie zum Verständnis Beispielrechnungen mit Zahlen in dem von Ihnen geplanten Investitionsvolumen auf der Website www.zinsen-berechnen.de.

Da Sie bereits mit der ersten Rate tilgen, werden die Finanzierungssumme und der Zinsanteil mit jeder Zahlung kleiner. Die Rate bleibt konstant, der Tilgungsanteil steigt entsprechend. Das sind – insbesondere bei großen Kreditsummen und langen Laufzeiten – kleine Veränderungen, aber in den letzten Jahren der Finanzierung steigt der Tilgungsanteil enorm an.

Mein Tipp
Vereinbaren Sie die Möglichkeit, die Tilgungsrate einmal jährlich kostenfrei anzupassen – mindestens bis vier Prozent. Fragen Sie außerdem nach Sondertilgungen während der Laufzeit. Damit können Sie die Kreditsumme vorzeitig senken. Üblich ist die Möglichkeit einer jährlichen Sondertilgung in Höhe eines festgelegten Prozentsatzes (5%) der ursprünglich abgeschlossenen Kreditsumme.

Der große Vorteil jener Form der Finanzierung ist, dass die Restschuld sichtbar kleiner wird. Dies ist psychologisch erfreulich und positiv, falls Sie das Haus vorzeitig verkaufen möchten. Sie tilgen bei dieser Finanzierungsform früher als z.B. bei dem Versicherungsdarlehen.

Mein Tipp
Die Steuerfreiheit bei Verkauf des Hauses greift erst nach zehn Jahren, d.h. erst wenn Sie die Immobilie mindestens ein Jahrzehnt halten. Andernfalls sind alle Steuervorteile an das Finanzamt zurückzuzahlen. Diese Regelung dämmt die Spekulation ein.

Der Nachteil dieser Finanzierungsform ist folgender: Steuerlich gesehen wird der Kostenanteil immer kleiner, da Sie lediglich die Zinsen geltend machen können, nicht aber die Tilgungsbeträge. Üblich sind monatliche Raten, vierteljährliche Zahlungen sind ebenfalls möglich.

5.1.2 KfW-Darlehen

Die Kreditanstalt für Wiederaufbau ist eine der größten nationalen Förderbanken und bietet Unternehmen und Privatpersonen Förderungen und günstige Kredite an. Das Portfolio umfasst dabei nicht nur Bauprojekte. Trotzdem gibt es an dieser Stelle schlechte Nachrichten. Die meisten Darlehen und Zuschüsse werden nicht für Ferienhaus-Projekte bewilligt.
Ausnahmen gibt es bei Investitionen in erneuerbare Energien. Sie finden zahlreiche Informationen auf der Website www.kfw.de. Eine persönliche Beratung wird ebenfalls angeboten.

5.1.3 Darlehen mit variablen Zinsen

Kredite dieser Form werden im Gegensatz zu Annuitätendarlehen mit einer kurzen Zinsbindung von drei bis sechs Monaten abgeschlossen. Im Anschluss werden die Zinsen den aktuellen Bedingungen angepasst und wieder für den gleichen kurzen Zeitraum festgeschrieben.
Außerdem haben Sie als Kreditnehmer zusätzlich die Möglichkeit, das Darlehen komplett oder teilweise zurückzahlen, ohne dass dafür eine Vorfälligkeitsentschädigung anfällt. Dieser Begriff wird in einem späteren Abschnitt explizit erklärt. Wenn die Zinsen nachhaltig steigen, wechseln Sie auf ein Darlehen mit langer Zinsbindungszeit.

Basis für die Festsetzung des variablen Zinssatzes ist der Euribor (Euro Interbank Offered Rate) - der Kostenfaktor für gegenseitige Bankenkredite. In der Regel werden die Zinsen der variablen Darlehen vierteljährlich analog zu der Entwicklung des Drei-Monats-Euribor-Satzes, jeweils zu Beginn des Quartals angepasst. Auf den Zins schlagen die Kreditgeber eine Gewinnmarge in Höhe von bis zu 2% auf. Diese wird durch eine übliche Bearbeitungsgebühr ergänzt, die nochmals bis zu 1% der Darlehenssumme beträgt.
Diese Kosten verteilen sich auf die Laufzeit - je schneller der Kreditnehmer sein variables Darlehen kündigt und zurückzahlt, desto höher sind die anteiligen Kosten.

Bei höherem Zinsniveau wird ein variables Darlehen im Vergleich zu Annuitätendarlehen mit langfristiger Zinsbindung günstiger sein. Da der Zinssatz jedoch alle drei Monate neu festgelegt wird, besteht die Gefahr, des sich schnell verteuernden Fremdkapitals. Dieses Risikos sollte sich der Kreditnehmer immer bewusst sein.

Bei Nutzung variabler Zinsen ist es sinnvoll, die Entwicklung am Markt zu beobachten, um rechtzeitig zu reagieren. Der Euribor orientiert sich am Leitzinssatz der Europäischen Zentralbank (EZB) und wird jeden Tag veröffentlicht, dadurch sind die vierteljährlichen Zinsanpassungen nachvollziehbar.

Aufgrund der aktuellen Niedrigzinsphase sind Euribor-Darlehen derzeit nicht günstiger als Festzinsdarlehen mit 10-jähriger Zinsbindung. Unter dem Aspekt der Ersparnis lohnen sie sich momentan nicht. Es ist anzunehmen, dass die Zinsen in den nächsten Jahren wieder ein höheres Niveau erreichen. Für diese Phase des Anstiegs kann es sinnvoll sein, mit variablen Zinssätzen zu arbeiten.

5.1.4 Versicherungsdarlehen mit Lebensversicherung

Bei dieser Form der Finanzierung handelt es sich um ein endfälliges Darlehen, d.h. es werden lediglich Zinsen gezahlt, die Tilgung wird ausgesetzt und der Kredit am Ende der Laufzeit komplett ausgeglichen. Die Rückzahlung geschieht mittels Ablaufsumme einer Kapitallebensversicherung, die bei Vertragsabschluss des Darlehens an den Kreditgeber abgetreten wird.
Lebensversicherungen waren bis zum 01.01.2005 steuerfrei. Seit diesem Datum wird ein neu abgeschlossener Vertrag zum Auszahlungszeitpunkt voll besteuert. Dazu werden von der Auszahlungssumme (Ablaufleistung) die eingezahlten Beiträge abgezogen und die Differenz unterliegt der Einkommensteuer. Nur wenn der Vertrag mindestens zwölf Jahre läuft und erst nach dem 60. Geburtstag des Versicherungsnehmers (für Neuverträge seit dem Jahr 2012 dem vollendeten 62. Lebensjahr) fällig wird, wird "gehälftet". Das bedeutet, dass in diesem Fall nur die Hälfte der Erträge der Besteuerung unterliegt.
Möglicherweise haben Sie vor diesem Zeitpunkt eine Versicherung abgeschlossen und regelmäßig bedient. Es ist sinnvoll bestehende Verträge in Ihre Finanzierung einfließen zu lassen. Leider sind die Überschussbeteiligungen in den letzten Jahren von den Versicherern immer weiter nach unten korrigiert worden. Eine sichere Finanzierung ist nur mit garantierten Ablaufleistung zu planen.
Bei einem hohen Fremdkapitalanteil ist die Police alternativ als zusätzliche Sicherheit einsetzbar.

Der große Vorteil dieser Finanzierungsform ist der steuerliche Aspekt. Die Zinsen bleiben über die Laufzeit der Zinsbindung auf dem gleichen hohen Niveau und mindern Ihre Steuerlast.
Nachteil: Der Kapitalaufbau durch die Lebensversicherung ist in den ersten Jahren langsam. Die Renditen sind erheblich gesunken.

5.1.5 Vorfinanzierungsdarlehen der Bausparkassen

Die Finanzierung über Bauspardarlehen ist für die mittel- bis langfristige Planung geeignet. Sie legen den Wert des Vertrages selbst fest und sparen 30 bis 50 Prozent dieser Summe an. Der Guthabenzins ist zu vernachlässigen, dafür sind die Darlehenszinsen niedrig und bei Vertragsschluss langfristig festgeschrieben, unabhängig davon, wie sich der Zinsmarkt entwickelt. Haben Sie den festgelegten Betrag über eine Mindestlaufzeit angespart und ist der Vertrag zuteilungsreif - wie sich das im Fachjargon nennt - bekommen Sie die vereinbarte Summe ausgezahlt und zahlen den Darlehensanteil zu niedrigen Zinsen zurück.

Mittlerweile ist es weit verbreitet, dass der Bausparvertrag erst beim Kauf einer Immobilie abgeschlossen wird. Die Bausparsumme inklusive Darlehensanteil wird bei Übergabe komplett ausgezahlt und der Vertrag erst dann angespart. Großer Vorteil sind die extrem niedrigen Zinsen, die über den gesamten Zeitraum von bis zu 20 Jahren festgeschrieben sind.
Zusätzlich ist es sinnvoll, einen Vertrag über eine kleine Summe für spätere Reparaturen abzuschließen. Wenn Sie beispielsweise ein älteres Haus kaufen, bei dem das Dach voraussichtlich noch zehn Jahre hält, sorgen Sie mit einem Bausparvertrag vor.
Die Abschlussgebühr so eines Vertrages beträgt in der Regel 1% der Bausparsumme.

5.1.6 Sonderfall: Forward-Darlehen

Dieser Exkurs befasst sich mit der Anschlussfinanzierung für bestehende Darlehen. In Phasen mit niedrigen Zinsen macht es Sinn, frühzeitig den Vertrag zu verlängern oder sich einen günstigeren Anbieter zu suchen.

Sie verhandeln vor Ablauf der Zinsbindung über die Fortsetzung der Finanzierung. Schauen Sie in Ihre Unterlagen, wann dies für Sie kostenfrei realisierbar ist. Dabei ist es möglich, das Kreditinstitut zu wechseln. Die Banken sind an Anschlussfinanzierungen interessiert, da sie ein niedrigeres Risiko bergen als Neufinanzierungen.

Die Kosten liegen bei einem Bankenwechsel im Rahmen. Für eine Anschlussfinanzierung gibt ‚Finanztipp' eine Gebühr von 300 Euro bei einem Volumen von 150.000 Euro an. Wenn Sie dadurch lediglich 0,25% bei der Hypothek sparen, macht das für die Laufzeit bis zu 4.000 Euro aus.

Mein Tipp
Überlegen Sie, ob Sie mit den niedrigeren Zinsen der Anschlussfinanzierungen die Annuität senken wollen. Möglich ist ebenfalls die Rate beizubehalten und damit die Tilgung zu beschleunigen.

5.2 Wichtige Kriterien Ihrer Finanzierung

Ein wichtiger Aspekt ist die Finanzierungsdauer Ihrer Immobilie. Üblich sind Zeiträume zwischen 15 und 30 Jahren.
Die Wahl der Laufzeit ist von folgenden Kriterien abhängig:

- Kaufpreis der Immobilie
- Kalkulatorische Belegung
- Eingesetztes Eigenkapital
- Eigenes Lebensalter
- Finanzkraft mit dem originären Einkommen

Das bedeutet im Detail:

5.2.1 Kaufpreis der Immobilie

Wenn der Kaufpreis Ihrer Immobilie hoch ist, weil Sie einen Neubau oder einen vollständig sanierten Altbau in einem beliebten Feriengebiet kaufen, senken Sie die monatlichen Kosten der Finanzierung durch eine längere Laufzeit. Diese Entscheidung ist von Ihrem persönlichen Risikoempfinden und den nachfolgenden Kriterien abhängig.

5.2.2 Kalkulatorische Belegung

Nach Ihrer Recherche und Wettbewerbsbeobachtung setzen Sie Ihre Preise fest. Wenn diese auf einem realistischen Niveau liegen, realisieren Sie in kurzer Zeit kostendeckende Belegungszahlen, da Sie durch die Werbung im Internet ein schnelles Instrument zur Verfügung haben. Eine lange Anlaufphase ist nicht unbedingt notwendig.

5.2.3 Eingesetztes Eigenkapital

Wenn Sie über Eigenkapital verfügen, stellt sich die Frage, wie viel Sie davon in die Finanzierung der Immobilie einfließen lassen. Es ist empfehlenswert, ein bisschen Eigenkapital für Unvorhersehbares wie Reparaturen oder Ähnliches als Reserve zu halten. Natürlich gibt es auch in der Tourismusbranche Umsatzschwankungen. Nicht jedes Jahr ist gleich erfolgreich. Wenn Sie mit einer völlig verregneten Saison starten, sind ein paar Rücklagen hilfreich.

Sicher ist, dass Sie bei der Verhandlung mit den Banken niedrigere Zinssätze für die Darlehen angeboten bekommen, wenn Sie einen Anteil eigenes Geld mit in die Finanzierung einbringen. Für die Bank sinkt das Risiko, wenn die Immobilie nicht bis zum Kaufpreis belastet ist.

5.2.4 Eigenes Lebensalter

Sie entscheiden, in welchem Alter Sie das Haus schuldenfrei haben wollen, um von den Mieteinnahmen nach Abzug der Steuern zu leben, selbst einzuziehen oder es zu verkaufen, um das Geld für Ihren Lebensunterhalt zur Verfügung zu haben. Wie viele Jahre haben Sie bis zu diesem Zeitpunkt? Tendenziell empfiehlt sich bei höherem Lebensalter eine kürzere Laufzeit. Wenn Sie noch sehr jung sind, können Sie über 30 oder sogar 35 Jahre finanzieren. Diese Frage hängt oftmals eng mit dem nächsten Punkt zusammen.

5.2.5 Finanzkraft aus dem originären Einkommen

In einem höheren Lebensalter bringen Sie in der Regel eine größere Finanzkraft aus Ihrem Einkommen mit. Es ist Ihre Entscheidung, ob Sie in der Startphase, in schwierigen Zeiten oder bei unerwarteten Reparaturen, Kapital in die Immobilie einfließen lassen.
Die Vermietung ist ein zusätzliches Geschäft, eine Selbständigkeit, mit der Sie nicht Ihren Lebensunterhalt verdienen, sondern für Ihr

Alter vorsorgen, indem Sie Vermögen aufbauen. Gleichzeitig senken Sie die Steuerlast Ihres originären Einkommens.

5.3 Weitere Aspekte für die Vertragsgestaltung

Die unterschiedlichen Vertragsformen beinhalten nachstehende Begriffe und Aspekte und werden an dieser Stelle kurz erklärt.

5.3.1 Zinsbindung und Vorfälligkeitsentschädigung

Der Begriff Zinsbindung ist in den vorangegangenen Ausführungen mehrfach erwähnt worden. Er wird an dieser Stelle definiert und im Zusammenhang mit der Vorfälligkeitsentschädigung betrachtet.

Die Zinsbindung ist frei verhandelbar und wird bei Annuitätendarlehen meistens auf 10 Jahre festgelegt. Sie bestimmt den Zeitraum, in dem die Zinsen für den entsprechenden Kredit festgeschrieben werden, unabhängig davon, wie sie sich am Markt entwickeln. Steigen die Zinssätze während der Vertragslaufzeit, wird Ihr Vertrag von dem zuvor genannten Trend nicht berührt. Aus diesem Grund lohnt es sich, die Zinsbindung derzeit lange festzuschreiben. Ihre Zahlungen bleiben stabil.

Einzig die sogenannte Vorfälligkeitsentschädigung spricht dagegen. Diese Kosten werden fällig, wenn Sie die Immobilie vorzeitig veräußern. Die Bank wird über diese Zahlung für entgangene Zinszahlungen entschädigt, wenn der Vertrag vor Ablauf der Zinsbindung gekündigt wird. Sie wird gleichermaßen bei Kündigung wegen Verkauf des Hauses bzw. der Wohnung fällig. Vereinbaren Sie auf jeden Fall bei Abschluss des Vertrages Sondertilgungsmöglichkeiten. Wenn Sie nicht sofort, sondern geplant in ein paar Jahren verkaufen, besteht die Möglichkeit, die Vorfälligkeitsentschädigung über Sonderzahlungen zu reduzieren.

5.3.2 Tilgungsfreie Zeiträume

Wenn Sie zu Beginn eine Sanierungsphase haben, gibt es die Möglichkeit, die Tilgung erst einmal auszusetzen. Sie zahlen in dieser Zeit lediglich die Zinsen und den Kredit erst zurück, wenn Sie Einnahmen generieren.

Tipps zum Schluss des Kapitels

Da es sich bei der Finanzierung einer Immobilie um ein langfristiges Projekt handelt, lohnt es sich auf jeden Fall, mindestens zwei, besser drei Angebote zum Vergleich einzuholen.

Wenn Sie einen kompetenten Bankkontakt haben, hilft dies sicherlich weiter. Ansonsten bauen Sie über dieses Projekt neue Kontakte auf. Vergleichen Sie die Qualität der Beratung!

Kompakte Zusammenfassung

Finanzierung	Durch die derzeit niedrigen Zinsen ist der Zeitpunkt, um in eine Immobilie zu investieren, günstig.
	Es stehen verschiedene Finanzierungsmodelle zur Verfügung, die ebenfalls die Höhe der Steuerersparnis beeinflussen. - Annuitätendarlehen - KfW-Darlehen - Kredite mit variablen Zinsen - Versicherungsdarlehen mit Lebensversicherung - Vorfinanzierungsdarlehen der Bausparkassen - Sonderfall: Forward-Darlehen für die Anschlussfinanzierung
	Die Festlegung der Finanzierungsdauer ist abhängig von den folgenden Kriterien: - Kaufpreis der Immobilie - Kalkulatorische Belegung - Eingesetztes Eigenkapital - Eigenes Lebensalter - Finanzkraft mit dem originären Einkommen

6 Finanzierungsmöglichkeiten für die drei Fallbeispiele

Im Folgenden wird gezeigt, wie sich aus den Zahlen der Wirtschaftlichkeitsberechnung eine konkrete Finanzierung darstellen lässt. Mit der Internetseite www.zinsen-berechnen.de haben Sie die Möglichkeit, mit verschiedenen Kreditsummen, Zinssätzen und Laufzeiten durchzuspielen, welche konkrete Finanzierung am besten zu den Rahmenbedingungen Ihrer Wunschimmobilie passt. Dies wird anhand der drei Beispiele aus Kapitel 4 hier exemplarisch gezeigt. Um Abweichungen aufzuzeigen, werden die drei Feriendomizile mit unterschiedlichen Eigenkapitalanteilen, Zinssätzen und Laufzeiten betrachtet sowie durchgerechnet. Vor- ebenso wie Nachteile werden verdeutlicht.

6.1 Finanzierungsplan des Doppelhauses an der Nordsee

Vor der Berechnung werden die Fakten aus dem ersten Beispiel noch einmal zusammengestellt:

∝ Kaufpreis des Hauses:	395.000,00 €
∝ Kapitalbedarf:	491.387,50 €
∝ Monatliche Aufwendungen:	650,00 €
∝ Betrag nach Abzug der fixen Kosten:	2.500,00 €

Der Investor aus diesem Fall greift auf Eigenkapital in Höhe von 142.000,- Euro zurück. Da er am Kapitalmarkt keine lukrative Rendite erwirtschaftet, bringt er das Geld mit in die Finanzierung der Immobilie ein.
Dies verschafft ihm den Vorteil eines niedrigeren Zinssatzes, denn für die Bank reduziert sich das Risiko, wenn das Haus nicht komplett verschuldet ist. Das heißt, in dem Fall, dass der Darlehensnehmer seinen Zahlungsverpflichtungen nicht nachkommt und die Im-

mobilie im schlimmsten Fall versteigert wird, erhält die finanzierende Bank das eingesetzte Kapital in voller Höhe zurück. Dies hängt neben anderen Aspekten von dem Zeitpunkt in der Laufzeit des Kredites ab. Hier wird ein Annuitätendarlehen mit einer angemessenen Tilgung gewählt, so dass die Höhe des geschuldeten Betrages mit jeder gezahlten Rate sinkt.

Meist werden für Immobilien zwei Darlehen abgeschlossen. Das Darlehen im ersten Rang wird, im Falle eines Zwangsverkaufs, zuerst bedient und hat damit einen etwas besseren Zinssatz. Das weitere Darlehen im zweiten Rang trägt das größere Risiko und wird damit etwas teurer. Dies wird in diesem Beispiel vernachlässigt, um die Ausführungen übersichtlicher zu gestalten. Das Prinzip der Berechnung ist identisch.

Im Folgenden werden zwei Variationen in der Zinshöhe dargestellt, um Unterschiede aufzuzeigen. Der Investor im mittleren Alter möchte die Immobilie nicht länger als 20 Jahre finanzieren. Da er ein gehobenes Einkommen generiert, ist er in der Lage, im Falle von kurzfristigen Umsatzrückgängen sowie bei Reparaturen zu kompensieren. Er nutzt die prognostizierten Einnahmen für die Finanzierungsrate.

Fakten für die Finanzierung:

- Fremdkapitalbedarf: 350.000,00 €
- Laufzeit: 20 Jahre
- Zinsbindung: 15 Jahre

Die übliche Zinsbindung beträgt bei Hypothekendarlehen 10 Jahre. Durch die derzeit so niedrigen Zinssätze lohnt es sich, diese auf eine Laufzeit von 15 Jahren zu erhöhen. Das kostet gewöhnlich einen Aufschlag in Höhe von 0,25% auf den Zins. Das erste Kreditinstitut bietet dem Investor einen Zinssatz von 3,5% nominal an, den Zins per anno. Der effektive Zins berücksichtigt ebenfalls den Zinseszinseffekt und ist etwas höher. In diesem Fall: 3,557%.

Der Investor erhält folgende Übersicht in dem Angebot:

Darlehensbetrag:	350.000,00	Euro
Gebundener Sollzinssatz:	3,500	% p.a. nominal
Anfängliche Tilgung:	4,000	% p.a.
Rückzahlungsrate:	2.187,50	Euro
Ratenintervall:	monatlich	
Laufzeit der Ratenzahlungen:	15	Jahre
Restschuld nach Sollzinsbindung:	74.332,96	Euro
Jährliche Sondertilgung:	0,00	Euro
Rechengenauigkeit:	intern maximal	
Gesamtlaufzeit:	15	Jahre
Zinsen und Gebühren gesamt:	118.082,96	Euro
Gesamtaufwand:	468.082,96	Euro
Effektiver Jahreszinssatz:	3,557	% p.a.

Für die Anschlussfinanzierung nach 15 Jahren nimmt die Bank eine Erhöhung des Zinsniveaus an. Sie rechnet mit 6,5% weiter:

Darlehensbetrag:	74.332,96	Euro
Gebundener Sollzinssatz:	6,500	% p.a. nominal
Anfängliche Tilgung:	16,950	% p.a.
Rückzahlungsrate:	1.452,59	Euro
Ratenintervall:	monatlich	
Laufzeit der Ratenzahlungen:	5	Jahre
Restschuld nach Sollzinsbindung:	128,61	Euro
Jährliche Sondertilgung:	0,00	Euro
Rechengenauigkeit:	intern maximal	
Gesamtlaufzeit:	5	Jahre
Zinsen und Gebühren gesamt:	12.951,05	Euro
Gesamtaufwand:	87.284,01	Euro
Effektiver Jahreszinssatz:	6,697	% p.a.

Mit dem ursprünglichen Zinssatz von 3,5% ist der Investor nicht zufrieden. Er holt ein alternatives Angebot ein. Die zweite Bank ist nicht nur etwas risikobereiter, sondern von seinem Vermietungskonzept überzeugter. Sie bietet dem Investor 2,5% an. Um auf die gleiche Höhe der Restschuld nach 15 Jahren zu gelangen, wird die anfängliche prozentuale Tilgung etwas erhöht. Damit ergeben sich die folgenden Zahlen:

Darlehensbetrag:	350.000,00	Euro
Gebundener Sollzinssatz:	2,500	% p.a. nominal
Anfängliche Tilgung:	4,330	% p.a.
Rückzahlungsrate:	1.992,08	Euro
Rateninterval:	monatlich	
Laufzeit der Ratenzahlungen:	15	Jahre
Restschuld nach Sollzinsbindung:	74.528,20	Euro
Jährliche Sondertilgung:	0,00	Euro
Rechengenauigkeit:	intern maximal	
Gesamtlaufzeit:	15	Jahre
Zinsen und Gebühren gesamt:	83.103,20	Euro
Gesamtaufwand:	433.103,20	Euro
Effektiver Jahreszinssatz:	2,529	% p.a.

Der Investor zahlt bei diesem Zinssatz knapp 200 Euro pro Monat weniger. Natürlich kann er diesen Betrag auch in eine höhere Rate investieren und damit die Restschuld nach Ablauf der Zinsbindung reduzieren.

Die nachfolgende Übersicht zeigt, dass es sich lohnt, gut zu verhandeln und verschiedene Zins- und Tilgungssätze durchzuspielen. Die Restschuld sinkt bei einem Zinssatz von 2,5 statt 3,5% bei gleicher Rate pro Monat von 74.528,20 Euro auf 31.903,23 Euro.

Bei gleicher Laufzeit ergeben sich diese Zahlen:

Darlehensbetrag:	350.000,00	Euro
Gebundener Sollzinssatz:	2,500	% p.a. nominal
Anfängliche Tilgung:	5,000	% p.a.
Rückzahlungsrate:	2.187,50	Euro
Rateninterval:	monatlich	
Laufzeit der Ratenzahlungen:	15	Jahre
Restschuld nach Sollzinsbindung:	31.903,23	Euro
Jährliche Sondertilgung:	0,00	Euro
Rechengenauigkeit:	intern maximal	
Gesamtlaufzeit:	15	Jahre
Zinsen und Gebühren gesamt:	75.653,23	Euro
Gesamtaufwand:	425.653,23	Euro
Effektiver Jahreszinssatz:	2,529	% p.a.

Bevorzugen Sie dagegen mehr Sicherheit mit einer niedrigeren Rate, ist die Verlängerung der Laufzeit ein probates Mittel.
Um diese Mechanismen konkret mit Zahlen zu füllen, dient das folgende Beispiel.

6.2 Finanzierungsplan der Ferienwohnung im Allgäu

Die Zahlen für das Beispiel 2 lauten:

- Kaufpreis der Wohnung: 550.000,00 €
- Kapitalbedarf: 601.625,00 €
- Monatliche Kosten: 460,00 €
- Verfügbarer Betrag: 3.205,00 €
  (Sowohl die fixen Kosten als auch Aufwendungen für die Agenturleistung für die Vermarktung sind herausgerechnet.)

Der Investor aus diesem Beispiel ist erst Anfang dreißig und hat mit seinen kaufmännischen Kompetenzen den obigen Business-Plan aufgestellt. Er verfügt über kein Eigenkapital, d.h. er strebt nicht nur die Finanzierung der Immobilie, sondern außerdem die der Nebenkosten an. Da er mehr verdient als er zum Leben benötigt, ist er bereit, Geld von seinem Gehalt in die Wohnung zu investieren. Weitere Sicherheiten hat er nicht.

Von dem erstangefragten Kreditinstitut bekommt der Mann eine Absage. Niedergeschlagen fragt er sich, ob er in seiner Wirtschaftlichkeitsberechnung etwas übersehen hat oder ob sein Investitionsvolumen zu hoch ist. Schließlich versucht er es bei einer anderen Bank und bekommt ein Angebot. Es setzt sich aus zwei Komponenten zusammen: einem Vorfinanzierungskredit einer Bausparkasse sowie einem Annuitätendarlehen – je zur Hälfte, also jeweils für 300.000 Euro.
Da das Risiko für die Bank beträchtlicher als im ersten Beispiel ist, bietet sie dem Kaufinteressenten einen höheren Zinssatz an.

Das bedeutet im Detail:

Vorfinanzierungsdarlehen: 300.000,- Euro

- Gesamtlaufzeit 20 Jahre
- Ansparphase: 10 Jahre
    - Minimaler Sparzins (wird hier vernachlässigt)
    - Sparrate: 980,- Euro
    - Darlehenszins: 2,77% bis zur Zuteilung
    - Zinszahlung 10 Jahre: 692,50 €
- Rückzahlungsphase 10 Jahre:
    - Darlehenszins: 3,16%
    - Rückzahlungsrate (Zins und Tilgung): 1.774,60 €

Klassisches Annuitätendarlehen: 300.000,- Euro

- Gesamtlaufzeit: 30 Jahre
- Erste Zinsbindung: 20 Jahre
- Darlehenszins: 4,25%

Finanzierungsübersicht für den Teil mit Annuitätendarlehen:

Darlehensbetrag:	300.000,00	Euro
Gebundener Sollzinssatz:	4,250	% p.a. nominal
Anfängliche Tilgung:	1,500	% p.a.
Rückzahlungsrate:	1.437,50	Euro
Ratenintervall:	monatlich	
Laufzeit der Ratenzahlungen:	20	Jahre
Restschuld nach Sollzinsbindung:	158.526,76	Euro
Jährliche Sondertilgung:	0,00	Euro
Rechengenauigkeit:	intern maximal	
Gesamtlaufzeit:	20	Jahre
Zinsen und Gebühren gesamt:	203.526,76	Euro
Gesamtaufwand:	503.526,76	Euro
Effektiver Jahreszinssatz:	4,334	% p.a.

Bei der obigen Umsatzschätzung stehen für die Finanzierung 3.205,- Euro zur Verfügung. Da sowohl die Wohnung als das Inventar neu sind, geht der Investor davon aus, dass anfangs keine zusätzlichen Kosten anfallen werden. Die Vermarktung macht einen hohen Kostenfaktor aus, ist aber vom Umsatz abhängig. Sinkt dieser, verdient auch die Agentur weniger.

Folgende Beträge bezahlt der Käufer für die Finanzierung:

In den ersten 10 Jahren:

980,- € + 692,50 € +1.437,50 € = 3.110,- €

In den zweiten 10 Jahren:

1.774.60 € + 1.437,50 € = 3.212,10 €

Nach 20 Jahren ist das Bauspardarlehen komplett getilgt. Das Annuitätendarlehen weist eine Restschuld von 158.526,76 Euro auf.
Mit einer Rate von 1.799,27 Euro lässt sich dies in weiteren zehn Jahren tilgen, wenn der Zins mittlerweile auf 6,5% gestiegen ist. Ein Großteil des Kredites ist bis dahin zurückgezahlt, so dass die Verhandlungsposition sogar bei höherem Zinsniveau unkompliziert ist. Wenn nach 20 Jahren größere Reparaturen an der Immobilie nötig sind, werden diese mit dem Differenzbetrag getragen.
Das Vorfinanzierungsdarlehen der Bausparkassen ist eine probate Möglichkeit bei Vollfinanzierung an lange festgeschriebene, relativ niedrige Zinsen zu kommen.

Manchem mag diese Vollfinanzierung zu risikoreich sein. Es soll an dieser Stelle lediglich demonstriert werden, dass eine Finanzierung ohne Eigenkapital möglich ist. Bringen Sie gerne eigenes Geld ein und reduzieren Sie das Risiko, wenn es Ihnen möglich ist!

Ein weiterer Aspekt, den Sie einbeziehen können, ist die Abschreibung der Wohnung, die neben den direkten Kosten sowie den Zinsen Steuer senkend wirkt. Dieser monetäre Vorteil kann ebenfalls für die Finanzierung genutzt werden. Mehr zum Funktionieren der Steuerersparnis erfahren Sie im Band 7 dieser Reihe.

6.3 Finanzierungsplan der Ferienwohnung in Hamburg

Der Bauherr des dritten Beispiels hat es am einfachsten, einen Kredit zu bekommen. Seine Immobilie ist bezahlt und er möchte lediglich ein vergleichsweise kleines Darlehen für die Modernisierung sowie die Einrichtung der Wohnung aufnehmen. Außerdem benötigt er eine Nutzungsänderung für Umwandlung des Domizils in eine Ferienwohnung.

Folgende Eckdaten liegen vor:

- Kapitalbedarf: 59.050,00 €
- Monatliche Kosten: 565,00 €
- Verfügbarer Betrag: 891,00 €

Die Hausbank des Investors macht ihm ein Angebot über eine Kreditsumme in Höhe von 60.000 Euro. Dabei kommt sie seinem Wunsch nach einer kurzen Laufzeit des Darlehens nach. Da die Immobilie Sicherheit bietet, erhält er einen Zinssatz in Höhe von 1,2% angeboten:

Finanzierungsübersicht für den Modernisierer:

Darlehensbetrag:	60.000,00	Euro
Gebundener Sollzinssatz:	1,200	% p.a. nominal
Anfängliche Tilgung:	16,082	% p.a.
Rückzahlungsrate:	864,10	Euro
Rateninterval:	monatlich	
Laufzeit der Ratenzahlungen:	6	Jahre
Restschuld nach Sollzinsbindung:	0,73	Euro
Jährliche Sondertilgung:	0,00	Euro
Rechengenauigkeit:	intern maximal	
Gesamtlaufzeit:	6	Jahre
Zinsen und Gebühren gesamt:	2.215,93	Euro
Gesamtaufwand:	62.215,93	Euro
Effektiver Jahreszinssatz:	1,207	% p.a.

Die größte Hürde wird in diesem Fall die Genehmigung für die Nutzungsänderung sein, denn insbesondere in den Ballungsgebieten wird streng geprüft, da der vorhandene Wohnraum vor Zweckentfremdung geschützt werden soll.

Sie haben also alternativ zu einem Neukauf, die Möglichkeit aus einer Bestandsimmobilie ein Feriendomizil zu schaffen.
Unabhängig, ob Sie eine Wohnung oder ein Haus umwandeln, bei einer teilweise oder gänzlich bezahlten Immobilie sind die Startkosten um einiges moderater.

Kompakte Zusammenfassung

Finanzierungsbeispiele für die drei Feriendomizile	Beispiel 1: Doppelhaus an der Nordsee Mischung aus Eigen- und Fremdkapital Es wurde gezeigt, wie stark sich bei einem 1% niedrigeren Zins bei gleicher Annuität die Restschuld im Laufe von 15 Jahren reduzieren lässt.
	Beispiel 2: Wohnung im Allgäu Vollfinanzierung führt zu höheren Zinsen. Mix aus Bauspar- und Annuitätendarlehen ermöglicht Finanzierung ohne Eigenkapital. Gleichbleibende Zinsen in den ersten zehn Jahren des Bauspardarlehens sind steuerlich günstig.
	Beispiel 3: Modernisierung in Hamburg Bezahltes Haus als Sicherheit führt zu optimalem Zinssatz für das Modernisierungsdarlehen bei kurzer Laufzeit.

7 Ein Kreditinstitut für die Finanzierung finden

Wie bereits im vorherigen Kapitel angedeutet wurde, wird Ihnen vermutlich nicht jede Bank eine Finanzierung für Ihr Projekt anbieten. Nicht zuletzt hängt es von dem Berater ab, an den Sie geraten. Mir ist es selbst mit einer Immobilie so ergangen: Eine Bank schätzte das Risiko bei einer Vollfinanzierung zu groß ein, der zweite Berater, den ich aufsuchte, fand meine Wirtschaftlichkeitsberechnung schlüssig. Er bot mir attraktive Konditionen an und ich schloss die Verträge bei diesem Kreditinstitut ab. Dabei lehnte meine Hausbank ab, ein neuer Kontakt führte zum Ziel.
Wenn Sie also eine Absage bekommen, überprüfen Sie gerne Ihre Unterlagen, doch dann haken Sie den „Misserfolg" ab und stellen Ihr Konzept dem Nächsten vor.

7.1 Aufbereitung Ihrer Unterlagen

Ihre Dokumente sollten sowohl inhaltlich als auch optisch gewisse Kriterien erfüllen. Dazu gibt es in diesem Kapitel einen kurzen Überblick.

7.1.1 Inhalt Ihrer Präsentation

In der Regel bekommen Sie von dem Kreditinstitut, bei dem Sie anfragen, eine Liste der Unterlagen, die für die Prüfung benötigt werden. Dazu gehören in jedem Fall:

- die obige Wirtschaftlichkeitsberechnung für das Feriendomizil
- Exposé zur Immobilie ggf. ergänzt durch eigene Aufzeichnungen und Fotos
- Selbstauskunft

- unter Umständen Unterlagen bereits bestehender Finanzierungen von Immobilien, KFZ etc. (Übersicht und Status)
- Schufa-Auskunft

Welche Angaben in Ihren Business-Plan gehören, haben Sie ausführlich in den ersten Kapiteln erfahren. Die praktische Anwendung wurde Ihnen an verschiedenen Beispielen aufgezeigt. Ergänzen Sie die Ergebnisse Ihrer Recherche mit Zwischenergebnissen, wie z.B. Preisübersichten anderer Domizile. Die Tourismusverbände in den einzelnen Regionen unterstützen Sie gerne mit Angaben von durchschnittlichen Belegungszahlen. Damit fällt die Einschätzung leichter, ob die von Ihnen ausgesuchte Immobilie die Zahlen Ihrer Umsatzprognose erreichen kann bzw. darüber oder darunter liegt. Ihre Berechnung wirkt damit kompetent und glaubwürdig.

Wenn Sie Glück haben, erstellt der Makler bzw. Verkäufer ein aussagekräftiges Exposé mit vorteilhaften Fotos. Dies ist aber leider nicht immer der Fall. Nehmen Sie es als Basis für Ihre Unterlagen. Ergänzen Sie es gegebenenfalls mit eigenen Angaben, Karten zur Lage und Fotos aus Ihrer Besichtigung.

Für die Selbstauskunft stellen die Kreditinstitute Formulare zur Verfügung. Neben Angaben zum Einkommen werden Zahlen zu weiteren bestehenden Krediten abgefragt. Wenn Sie schon Ferienimmobilien in der Finanzierung haben, lohnt es sich, diese etwas ausführlicher darzustellen. Sinnvoll sind Angaben wie Lage, Vermietungszahlen, Stand der Finanzierung. Sie dienen als Referenzobjekte.

Ergänzt wird diese durch die sogenannte Schufa-Klausel. Damit geben Sie Ihr Einverständnis, dass die Bank bei der Schufa eine Auskunft über Ihre Bonität einholen darf.

Eine Selbstauskunft sieht wie folgt aus:

Persönliche Angaben

Antragsteller/in

Vorname/n

Name, ggf. Geburtsname

Straße, Hausnummer

PLZ, Wohnort

wohnhaft seit   Wohnstatus ☐ Eigentum ☐ Miete ☐ mietfrei

Voranschrift/en der letzten zwei Jahre (Straße, Hausnummer, PLZ, Ort, Land)*

Geburtsdatum, -ort

Staatsangehörigkeit ☐ deutsch ☐ sonstige

Zusatzangaben bei ausländischer Staatsangehörigkeit

in Deutschland seit   ☐ Niederlassungserlaubnis   ☐ Aufenthaltstitel bis

Familienstand ☐ ledig ☐ verheiratet ☐ verpartnert ☐ zusammen lebend ☐ getrennt lebend ☐ geschieden ☐ verwitwet

Güterstand ☐ gesetzlich ☐ Gütertrennung ☐ Gütergemeinschaft

Anzahl der im Haushalt lebenden Personen gesamt   davon Kinder   im Alter von

Telefon* privat   geschäftlich   Mobil

Fax*   E-Mail*

Tätigkeit ☐ Selbstständige/r ☐ Arbeiter/in ☐ Angestellte/r ☐ geschäftsf. Gesellschafter/in ☐ Beamter/Beamtin ☐ Rentner/Pensionär/in ☐ Auszubildende/r ☐ Schüler/Student/in ☐ Hausfrau/-mann ☐ arbeitslos

seit   ☐ Probezeit bis   Branche/ausgeübter Beruf

Arbeitgeber
(Firma, PLZ, Ort)

Mitantragsteller/in

Vorname/n

Name, ggf. Geburtsname

Voranschrift/en der letzten zwei Jahre (Straße, Hausnummer, PLZ, Ort, Land)*

Geburtsdatum, -ort

Staatsangehörigkeit ☐ deutsch ☐ sonstige

Zusatzangaben bei ausländischer Staatsangehörigkeit

in Deutschland seit   ☐ Niederlassungserlaubnis   ☐ Aufenthaltstitel bis

Familienstand ☐ ledig ☐ verheiratet ☐ verpartnert ☐ zusammen lebend ☐ getrennt lebend ☐ geschieden ☐ verwitwet

Güterstand ☐ gesetzlich ☐ Gütertrennung ☐ Gütergemeinschaft

Telefon* privat   geschäftlich   Mobil

Fax*   E-Mail*

Tätigkeit ☐ Selbstständige/r ☐ Arbeiter/in ☐ Angestellte/r ☐ geschäftsf. Gesellschafter/in ☐ Beamter/Beamtin ☐ Rentner/Pensionär/in ☐ Auszubildende/r ☐ Schüler/Student/in ☐ Hausfrau/-mann ☐ arbeitslos

seit   ☐ Probezeit bis   Branche/ausgeübter Beruf

Arbeitgeber
(Firma, PLZ, Ort)

* **Hinweis:** Diese Angaben sind freiwillig

Abb. 7: Selbstauskunft Seite 1

monatliche Einnahmen (Jahreswerte bitte auf den Monat umrechnen)		Antragsteller/in	Mitantragsteller/in
Nettoeinkommen aus Lohn/Gehalt/Altersrente/Pension	EUR		
Einkünfte aus selbständiger/gewerblicher Tätigkeit*	EUR		
Einkünfte aus Vermietung und Verpachtung*	EUR		
Einkünfte aus Kapitalvermögen	EUR		
sonstige regelmäßige Einkünfte (z.B. Kindergeld, Unterhalt, Leibrenten) – Art der Einkünfte:	EUR		
Summe monatliche Einnahmen	EUR		

Bitte fügen Sie entsprechende Nachweise in Kopie bei.

monatliche Ausgaben (Jahreswerte bitte auf den Monat umrechnen)		Antragsteller/in	Mitantragsteller/in
Lebenshaltungskosten (inkl. ein Kfz und Sachversicherungen)*	EUR		
Miete inkl. Nebenkosten* ☐ entfällt künftig	EUR		
Hausnebenkosten (bei Haus- bzw. Wohnungseigentum)*	EUR		
Beiträge für			
– private Krankenversicherung (soweit nicht vom Arbeitgeber abgeführt)	EUR		
– Lebens-/Rentenversicherungen	EUR		
– Bausparverträge	EUR		
– sonstige regelmäßige Sparleistungen	EUR		
Raten (Zins und Tilgung – ohne beantragten Kredit) für			
– Immobilienfinanzierungen (ohne betriebliche Darlehen)	EUR		
– sonstige private Kredite (z.B. Ratenkredite, Kfz-Finanzierung)	EUR		
– betriebliche Darlehen (nur Tilgungsleistungen ohne Zinsen)	EUR		
Steuervorauszahlungen (ohne Steuern auf Arbeitseinkommen/Renten) – Art der Steuer:	EUR		
sonstige regelmäßige Ausgaben (z.B. Unterhalt, Kinderbetreuungskosten, Leasing) – Art der Ausgaben:	EUR		
Summe monatliche Ausgaben	EUR		

aktuelles Vermögen (inkl. Eigenmittel für das beantragte Vorhaben)		Antragsteller/in	Mitantragsteller/in
Immobilien (Verkehrswerte)	EUR		
Bankguthaben	EUR		
Depotwerte	EUR		
Bausparguthaben	EUR		
Lebens-/Rentenversicherungen (Rückkaufswerte)	EUR		
sonstige Vermögenswerte (z.B. Beteiligungen, Betriebsvermögen) – Art der Vermögenswerte:	EUR		
Summe Vermögen	EUR		

Bitte fügen Sie entsprechende Nachweise in Kopie bei.

aktuelle Verbindlichkeiten (Restschuld ohne beantragten Kredit)		Antragsteller/in	Mitantragsteller/in
Immobilienfinanzierungen (ohne betriebliche Darlehen)	EUR		
sonstige private Kredite (z.B. Ratenkredite, Kfz-Finanzierung)	EUR		
betriebliche Darlehen	EUR		
sonstige Verbindlichkeiten (z.B. Steuerschulden, sonstige Kredite/Darlehen) – Art der Verbindlichkeiten:	EUR		
Summe Verbindlichkeiten	EUR		
übernommene Bürgschaften	EUR		

Abb. 8: Selbstauskunft Seite 2

7.1.2 Besondere Unterlagen von Unternehmern

Für Selbständige und Unternehmer kommen die folgenden Dokumente dazu, die hier nicht weiter erklärt werden, da sie dieser Zielgruppe bekannt sind. Die Bank legt großen Wert darauf, dass sie so aktuell wie möglich eingereicht werden. Je nach Zeitpunkt im Kalenderjahr muss unter Umständen Ihre Buchhaltung für die Finanzierungsanfrage auf den neuesten Stand gebracht werden.

- Einkommensteuerbescheid aktuell
- Jahresabschluss
- BWA incl. Summen- und Saldenliste

7.1.3 Besondere Unterlagen von Angestellten

- Arbeitsvertrag
- Gehaltsnachweise

Angestellte reichen Kopien des Arbeitsvertrages und Gehaltsnachweise ein. Sicherlich möchte Ihr Berater wissen, wie lange Sie bereits in dem Unternehmen tätig sind und ob das Arbeitsverhältnis einer Befristung unterliegt.

7.1.4 Optische Aufbereitung der Unterlagen

Zum Abschluss des Kapitels ein kurzes Wort zu der Optik Ihrer Unterlagen: Es klingt trivial, diese am Computer aufzubereiten und in einem übersichtlichen, ansprechenden Zustand zu präsentieren. Doch das ist leider nicht immer der Fall.

Deshalb mein Appell an Sie: Je nach Immobilie fragen Sie mit diesen Unterlagen nach einem Kredit über mehrere Hunderttausende Euro. Stecken Sie nicht nur in die Recherche Ihrer Zahlen Zeit und Sorgfalt, sondern auch in die Aufbereitung der Präsentation. Es wird sich lohnen!

Schaffen Sie eine Struktur, durch die sich Ihr Ansprechpartner schnell einen Überblick über die Immobilie und die Gegebenheiten der Region verschaffen kann. Je professioneller der Eindruck Ihres Business-Planes ist, desto wahrscheinlicher ist die Bewilligung der Finanzierung. Im Zweifel wirkt es sich ebenfalls auf die Konditionen aus.
Nutzen Sie Mappen oder Ordner mit Verzeichnissen, wenn Ihre Unterlagen umfangreicher sind. Loseblattsammlungen sehen schnell unansehnlich aus.

7.2 Eigene Vorbereitung – Ihr Auftreten

Auch Ihr eigenes Outfit ist nicht gleichgültig. Ich empfehle Ihnen, sich so zu kleiden und aufzutreten wie bei einem Bewerbungsgespräch. Im Grunde ist es das ja.
Kleiden Sie sich sauber und seriös, aber authentisch – also so, dass Sie sich wohl fühlen, so wie Sie selbst sind. Denken Sie an die Summe, über die Sie verhandeln, die die Bank Ihnen für Jahrzehnte anvertrauen soll.
Treten Sie als Geschäftsmann bzw. -frau auf, denn Sie gründen mit Ihrer Ferienimmobilie ein Unternehmen.

Mein Tipp
Verwenden Sie sowohl Schmuck als auch Düfte vorzugsweise sparsam.

7.3 Nüchterne Zahlen und Begeisterung

Ihre Zahlen haben Sie sorgfältig aufbereitet. Ihre Dokumente und Berechnungen sind schlüssig. Sie sind mit den Fakten vertraut, so dass Sie in der Lage sind, Fragen souverän zu beantworten. Sie sind von Ihrem Projekt sowie der Realisation überzeugt. Nun sind Sie auf der Suche nach einem Partner, der den Weg mit Ihnen geht.

Würzen Sie Ihre Präsentation mit etwas Leidenschaft. Zeigen Sie Begeisterung für das Projekt Ferienhaus-Vermietung allgemein und insbesondere für die ausgewählte Immobilie samt Umgebung. Wer selber brennt, entfacht Feuer!
Stecken Sie Ihren Berater mit Ihrer Begeisterung an. Das ist die perfekte Ergänzung zu Ihrer Wirtschaftlichkeitsberechnung, ein Mosaikstein für Ihren Erfolg.
Wenn Sie schließlich mit Ihrem Feriendomizil an den Markt gehen, gilt es im nächsten Schritt die Urlauber zu begeistern.

Kompakte Zusammenfassung

<table>
<tr>
<td rowspan="3">Ein Kreditinstitut finden</td>
<td>Bereiten Sie Ihre Unterlagen inhaltlich sorgfältig auf. Sie umfassen:
- die obige Wirtschaftlichkeitsberechnung für das Feriendomizil
- Exposé zur Immobilie ggf. ergänzt durch eigene Aufzeichnungen und Fotos
- Selbstauskunft
- unter Umständen Unterlagen bereits bestehender Finanzierungen von Immobilien, Kfz etc. (Übersicht und Status)
- Schufa-Auskunft
Außerdem für Unternehmer und Selbständige
- Einkommensteuerbescheid aktuell
- Jahresabschluss
- BWA incl. Summen- und Saldenliste
Und für Angestellte:
- Arbeitsvertrag
- Gehaltsnachweise</td>
</tr>
<tr>
<td>Sorgen Sie ebenfalls für gut optisch aufbereitete Unterlagen
- übersichtlich strukturiert
- in ansprechenden gedrucktem Zustand
- geordnet in Mappen</td>
</tr>
<tr>
<td>Treten Sie professionell als Geschäftspartner auf und kleiden Sie sich entsprechend.
Zeigen Sie neben den nüchternen Zahlen auch Begeisterung für Ihr Projekt!</td>
</tr>
</table>

Schlusswort

Ich freue mich, dass Sie diesen Ratgeber bis zum Ende durchgelesen haben. Nun sind Sie bestens gerüstet, die Wirtschaftlichkeit für Ihr eigenes Ferienhaus-Projekt zu berechnen und mit Ihrem Business-Plan zu einer Bank zu gehen, um einen Partner für die Finanzierung zu finden.

Für die Beispiele dieses Buches habe ich bewusst hochwertige Immobilien an sehr guten Standorten gewählt. Sie sind hochpreisig, aber auch sehr erfolgversprechend, überdurchschnittliche Belegungszahlen zu erzielen.

Der Boom im Markt der Ferienimmobilien führt in manchen Gegenden zu einem sehr hohen Wettbewerb, der bis zur Übersättigung der Standorte führen kann. Suchen Sie also Ihre eigene Immobilie sorgfältig aus und kalkulieren Sie realistisch. Dann schaffen Sie eine solide Basis.

In den nächsten Schritten sind Sie mit der Einrichtung des Hauses und dem Marketing gefordert. Auch dabei wünsche ich Ihnen viel Spaß.

Gern begleite ich Sie auf dem Weg zu Ihrer erfolgreichen Ferienimmobilie über diesen Ratgeber hinaus.
Nehmen Sie Kontakt zu mir auf, ich berate und/oder coache Sie gern!

Ich wünsche Ihnen viel Erfolg bei Ihrem Projekt!

Stefanie Schreiber

Anhang

Quellen, Informationen, Websites

Ferienportale für Ihre Recherche und für die Vermarktung Ihrer Immobilie

Deutschland

- www.traum-ferienwohnungen.de
- www.fewo-direkt.de
- www.ferienhausmiete.de
- www.hundeurlaub.de

Österreich

- www.homeaway.at (entspricht fewo-direkt)
- www.oesterreich-travel.com
- www.kaernten-ferienwohnungen.com

Schweiz

- www.traum-ferienwohnungen.ch
- www.homeaway.com
- www.ferienhaus.ch

Portal rund um Finanzen:
'Online-Rechner für die individuelle Finanzplanung'
www.zinsen-berechnen.de
Die in diesem Buch befindlichen Finanzierungsübersichten wurden mit dem Hypothekenrechner dieser Seite erstellt.

www.kindersicherheit.de, eine Seite der Bundesarbeitsgemeinschaft 'Mehr Sicherheit für Kinder e.V.'

Karten für die Regionen der Beispieldomizile wurden erzeugt mit Google maps | www.google.de/maps

Internetpräsenz von Hamburg Tourismus
www.hamburg-tourism.de/business-medien/marktforschung/tourismusstatistiken/

KfW-Darlehen der Kreditanstalt für Wiederaufbau | www.kfw.de

Abbildungsverzeichnis

Tabellenverzeichnis

Mein Beratungs- und Coaching-Angebot für Sie

Immer wieder werde ich gebeten, etwas genauer zu beschreiben, wie ich konkret mit meiner Beratungsleistung unterstützen kann, bzw. merke durch die Rückfragen, dass dies nicht eindeutig ist. Aus diesem Grund folgt an dieser Stelle ein Auszug aus meinem Angebot.
Außerdem wird vermutet, dass die Beauftragung einer Wirtschaftsberaterin schnell mehrere tausend Euro kostet.
Das ist nicht richtig!
Gern beantworte ich Ihnen einen Katalog von gezielten Fragen oder recherchiere bzw. analysiere einen kleinen Teilbereich Ihres Projektes. Das ist schon mit dem Einsatz von wenigen Stunden möglich.

Zögern Sie nicht, einfach anzurufen oder per eMail nachzufragen, wenn Sie wissen möchten, ob ich auch Sie unterstützen kann und mit welchem finanziellen Aufwand Sie zu rechnen haben. Viele Fragen kann ich anhand zur Verfügung gestellter Unterlagen oder Internetauftritten analysieren und beurteilen, ohne das Objekt selbst zu besuchen. Ein Statusbericht gibt Ihnen etwas Konkretes in die Hand.

1. Auswahl der Immobilie
   - Beurteilung anhand eines Exposés, ob ein Objekt als Ferienimmobilie geeignet ist

2. Wirtschaftlichkeitsberechnung
   - Aufstellung eines kompletten Business-Plans anhand eines Exposés: dies beinhaltet Zusammenstellung der Kosten

und Recherche realistischer Saisonpreise sowie Belegdaten des entsprechenden Feriengebietes

3. Einrichtung und Ausstattung
   - Optimierung Ihrer Einrichtung und Ausstattung
     - Anhand Ihres Internetauftritts bzw. anhand Ihrer Fotos, wenn die Werbung noch nicht gestartet wurde
     - Alternativ komme ich gerne zu Ihrem Feriendomizil und unterstütze Sie bei der Neueinrichtung oder Optimierung, auch Fotos mache ich gerne für Sie

4. Vermarktung
   - Unterstützung bei der Wahl eines Namens und zugehöriger Domain
   - Entwicklung Ihres Corporate Designs
   - Erstellung Ihrer Buchungsunterlagen
   - Erstellung einer Website
   - Einstellen Ihres Domizils in verschiedene Ferienportale
   - Entwurf eines Flyers oder einer Postkarte
   - Facebook-Coaching

Nehmen Sie gerne Kontakt mit mir auf, wenn Sie Ihre Fragestellung nicht in der obigen Liste finden!

Ihre Ferienhaus-Expertin
Stefanie Schreiber

Diplom-Kauffrau mit Schwerpunkt Marketing und Recht
Wirtschaftsjournalistin und Fachautorin

servitus Wirtschaftsberatung und Coaching
040 69 69 195 -10
Stefanie.Schreiber@servitus.de
www.servitus.de | www.Ferienhaus-Expertin.de

Über die Autorin

Ferienhaus-Expertin Stefanie Schreiber berät und unterstützt ihre Kunden in allen Fragen rund um die erfolgreiche Vermietung von Ferienimmobilien und teilt ihr Fachwissen sowie ihre 20-jährige Vermietungserfahrung in ihren Praxis-Ratgebern.
Sie ist Dipl.-Kauffrau und Wirtschaftsjournalistin - außerdem leidenschaftliche Vermieterin der (mittlerweile nur noch verbliebenen) Reetkate Tating.

Um ihre Altersvorsorge zu sichern, erfüllte sich Stefanie Schreiber im Sommer 1999 mit dem Kauf ihres ersten Doppelhauses einen Traum und legte damit den Grundstein für einen neuen Geschäftszweig. Eineinhalb Jahre sammelte sie intensiv Erfahrungen, indem sie nicht nur die Vermietung in Eigenregie betrieb, sondern auch die Betreuung des Objektes vor Ort selbst übernahm. Sie entdeckte

ihre Leidenschaft für das Innendesign der Räume und legt auch heute noch bei der Renovierung gern selbst Hand an. Durch den intensiven Kontakt zu den Gästen erfuhr sie viel über deren Erwartungen an eine Ferienimmobilie sowie die Bedürfnisse während eines Urlaubes in einem Feriendomizil.
Da sie mit der Vermietung der ersten beiden Wohneinheiten innerhalb kürzester Zeit großen wirtschaftlichen Erfolg verzeichnete, investierte sie bereits eineinhalb Jahre später in ein weiteres Doppelhaus. Damit war es nicht mehr möglich, die Objekte selbst zu betreuen. Sie delegierte diese Aufgabe an Mitarbeiter vor Ort.

2007 kaufte sie ihr drittes Haus, das kleine Altstadtdomizil Mölln, das bis Ende 2016 ebenfalls erfolgreich Feriengästen zur Verfügung gestellt wurde.
Um mit der Ernte die Früchte des Vermögensaufbaus zu beginnen, verkaufte sie 2018 die Reetkate Kragelund - auch um in Zukunft mehr Zeit für die Beratung und das Schreiben weiterer Ratgeber zu haben.

Als Inhaberin ihrer Firma servitus Wirtschaftsberatung und Coaching berät sie seit 1994 Firmen sowie Privatpersonen in betriebswirtschaftlichen Fragen. Dabei hat sich der Schwerpunkt zum Thema Vermögensaufbau mittels Immobilien entwickelt. Sie führt dazu Seminare als auch persönliche Coachings durch.

Gerne unterstützt sie auch Sie von der Auswahl der Immobilie über die Erstellung eines Business-Planes, dessen Vorstellung sowie Verhandlung mit der Bank, bei der Einrichtung des Hauses bis zur erfolgreichen Vermarktung des Domizils.

Weitere Informationen finden Sie unter
www.Ferienhaus-Expertin.de

Bereits von der Autorin erschienen

Mit Ferienimmobilien Vermögen aufbauen und Steuern sparen!
In elf Schritten zur erfolgreichen Vermietung

Hardcover: ISBN 978-3-96608-000-2
Broschiert: ISBN 978-3-9816455-0-7
ebook: ISBN 978-3-9816455-1-4

zugehöriges Arbeitsbuch zu diesem Praxis-Ratgeber
Das Arbeitsbuch! Mit Ferienimmobilien Vermögen aufbauen und Steuern sparen
Ihr persönlicher Begleiter bei den elf Schritten zur erfolgreichen Vermietung

Hardcover: ISBN 978-3-96608-001-9
Broschiert: ISBN 978-3-96608-002-6

Erfolgreiche Vermarktung Ihrer Ferienimmobilie!
Der optimale Marketing-Mix inklusive Social Media
für Ihren Vermietungserfolg

Broschiert: ISBN 978-3-9816455-4-5
ebook: ISBN 978-3-9816455-5-2

ergänzend erhältlich (Februar 2020):
Ihr Ferienimmobilien-Marketingplaner!
Eine strukturierte Arbeitsvorlage
für Ihren optimalen Marketing-Mix inklusive Social Media

Broschiert: ISBN 978-3-96608-005-7

Ein kleines Buch das einen Blick hinter die Kulissen des Ferienhausbetriebes gewährt

Aus dem Ferienhaus geplaudert
Erstaunliche Geschichten und emotionale Momente aus dem Alltag der Vermietung

Neue Reihe
Ferienimmobilie aktuell in voraussichtlich 8 Bänden
Band 1: Richtige Kaufentscheidung und erfolgreicher Start mit Ihrer ersten Ferienimmobilie
Band 2: Wirtschaftlichkeitsberechnung und Finanzierung Ihrer erfolgreichen Ferienimmobilie!
wird fortgesetzt ...

Zahlreiche Fragen, Anmerkungen und Feedback von Lesern, Kunden aus Projekten, Besucher meiner Vorträge und Messeauftritte sind in diesen Bänden aufgegriffen worden. Alle Themen der ersten beiden Ratgeber werden breiter und noch ausführlicher behandelt.

Gern informiere ich Sie per Mail über Erscheinungstermine und Veranstaltungen.
Schreiben Sie an Stefanie.Schreiber@servitus.de
oder folgen Sie mir auf Facebook
www.facebook.com/servitusWirtschaftsberatung

***

Stefanie Schreibers Krimi-Debüt

Mord im Watt vor St. Peter-Ording

Der erste Fall für Torge Trulsen und Charlotte Wiesinger

Ein Feriendorf; zwei Tote und zwei ungleiche Ermittler, die nicht unbedingt zusammen arbeiten. Lösen sie den Fall?

In St. Peter-Ording, dem beliebten Urlaubsort an der Nordsee, wird eines Morgens mitten in der Saison ein Toter am Strand gefunden. Niemand scheint ein Motiv zu haben, den Leiter der Schutzstation Wattenmeer Michael Schwertfeger, der sehr zurückgezogen gelebt hat, zu erschlagen.
Kommissarin Charlotte Wiesinger aus Hamburg verstärkt das Team vor Ort, das nicht zuletzt auch aus dem schrulligen Hausmeister Torge Trulsen des Feriendorfes *Weiße Düne* besteht. Er weiß nicht nur genau was auf Eiderstedt passiert, sondern ist auch mit jedem per Du.

Eine harte Geduldsprobe für die temperamentvolle Großstädterin, für die sowohl der Aufenthalt an der Nordsee als auch die Einmischung des Nordfriesen unfreiwillig sind. Immer wieder kommt er ihr - eine Nasenlänge voraus - in die Quere, so dass sie seine Unterstützung nur sehr langsam zu schätzen lernt.
Als in Hamburg ein weiterer Mord geschieht, stellt das ungleiche Duo den Zusammenhang her und kommt dem Täter auf die Spur.

Leseprobe auf www.StPeterOrding-Krimi.de

Haftungsausschluss

Die Haftung für den Textinhalt ist ausgeschlossen. Der Inhalt ersetzt keine Einzelfallberatung durch einen Rechtsanwalt, Steuerberater oder eine andere kompetente Stelle. Die genannten rechtlichen Gegebenheiten erheben nicht den Anspruch der Vollständigkeit. Sie beziehen sich auf die aktuelle Rechtslage und können sich in Zukunft ändern.

Ich freue mich auf Ihre Kontaktaufnahme!

Ferienhaus-Expertin Stefanie Schreiber
Diplom-Kauffrau mit Schwerpunkt Marketing und Recht
Wirtschaftsjournalistin und Fachautorin

servitus Wirtschaftsberatung und Coaching
Alter Elbdeich 124
21217 Seevetal-Over
040 69 69 195 -10

Stefanie.Schreiber@servitus.de
www.servitus.de | www.Ferienhaus-Expertin.de
www.servitus-verlag.de
www.xing.to/servitus
www.facebook.com/servitusWirtschaftsberatung